Jana Hirschfeld

Luisas Leben

Wunder fragen nicht

Jana Hirschfeld

Luísas Leben

Wunder fragen nicht

TRIGA – Der Verlag

Bibliografische Information der Deutschen Nationalbibliothek
Die Deutsche Nationalbibliothek verzeichnet diese Publikation in der Deutschen Nationalbibliografie;
detaillierte bibliografische Daten sind im Internet über http://dnb.d-nb.de abrufbar.

1. Auflage 2015

Herstellung: TRIGA – Der Verlag
Leipziger Straße 2, 63571 Gelnhausen-Roth
www.triga-der-verlag.de

Korrektorat: Birgit Laniewski

Coverfoto: Jana Hirschfeld

Printed in Germany

ISBN 978-3-95828-049-6(Print-Ausgabe)
ISBN 978-3-95828-050-2 (eBook-Ausgabe)

Für unsere Luisa

Danke

Während der Entstehung dieses Buches traten viele Menschen an mich heran und fragten: »Warum machst du das? Was gibt es da für einen Hintergrund? Was willst du erreichen?«

Die Antwort hat wenig Spielraum. Ich tue es aus tiefstem Respekt und aufrichtiger Liebe gegenüber unserer Tochter Luisa und unserer wundervollen Familie! Ich tue es, um uns Betroffenen weiterhin eine Stimme zu geben, den Seltenen eine Stimme zu geben! Ich tue es, um sowohl aufzuklären und zu informieren als auch Missverständnisse abzuwehren und Vorurteile abzubauen! Und natürlich tue ich es, um dieses Leben aufzuarbeiten und zu bewältigen!

Wenn ich ›mich‹ schreibe, meine ich gleichwohl meinen lieben Mann und aufopfernden Papa, der für uns unser Leben lebenswert gestaltet, seine Bedürfnisse oftmals hinten anstellt und versucht, die Dinge von Anfang an mit einer Leichtigkeit zu betrachten, welche mir so oft fehlt. Ich liebe dich, Dirk, und danke dir.

Darüber hinaus möchte ich mich bei all den großartigen Menschen bedanken, die unser Leben bunter machen. Die an Tagen, an denen es gewittert, die Sonne scheinen lassen. Und die für uns da sind. Immer. Tag oder Nacht. Einfach da sind und da bleiben, auch wenn wir sagen: »Wir möchten nicht darüber sprechen.« DANKE!

Ich möchte mich ebenfalls bei TRIGA – Der Verlag, insbesondere bei Christina Schmitt bedanken. Durch dich, liebe Christina, habe ich einmal mehr gelernt, wie selbstlos und großmütig ein Mensch sein kann, wenn er an etwas glaubt. Du hast an mich geglaubt, in jeder Phase der Entstehung dieses Buches und dafür bin ich dir mehr als dankbar. Darüber hinaus trug das Angebot, sämtliche Kosten der Herausgabe zu übernehmen, viel dazu bei, dass Sie dieses Buch in den Händen halten.

Ich lade Sie nun ein in Luisas Leben – ein Leben, das einen Sinn hat – so wie jedes Leben auf dieser Welt.

Begleiten Sie mich durch traurige, aber auch glückliche Momente. Vielleicht tragen die folgenden Seiten ja sogar dazu bei, Sie Ihren eigenen »Lebenssinn« klarer erkennen zu lassen. Darüber würde ich mich freuen.

Inhalt

1 Im Leben angekommen

Es ist, als wäre alles gestern geschehen. An einem recht schönen Oktobertag im Jahr 2013. Luisa trug ihr rotes Lieblingskleidchen und Dirk, wie immer an diesen besonderen Kliniktagen, ein elegantes Hemd. Ich mag ihn, wenn er Hemden trägt ;=). Ich hüllte mich, wie sooft, in schwarze Sachen, weil ich mir einbildete, sie würde zu meinem Glück beitragen, diese Farbe, die eigentlich gar keine ist.

Den einzigen Satz, den der Arzt sehr leise sagte, sollte unser Leben von nun an bestimmen: »Fangen Sie an, Ihr ***LEBEN*** zu *genießen* und tun Sie alles, was Sie drei, aber vor allem Luisa *glücklich* macht! Diese Erkrankung ist sehr schwerwiegend und kein Verlauf gleicht dem anderen!« Mir schossen sogleich Tränen vor Wut, Angst, Verzweiflung, Ungerechtigkeit, aber auch aus Liebe, Achtung und Respekt vor meinem Kind und dem Leben, Kraft und Lebensmut in die Augen!

Ich wusste nicht, wohin mit mir, nahm um mich herum nichts und niemanden mehr wahr. Es war wie in einem schlechten Traum und doch hatte ich mir eine Diagnose so sehnlichst gewünscht. Nun hatten wir sie … die *DIAGNOSE!* Tolle Diagnose, die wir da hatten. So vernichtend und doch so wertvoll, wie sich später noch herausstellen sollte.

Aber um es rundzumachen, vielleicht von vorn …

Aufgeregt sein

Am 21. Juni 2009 wurde unsere kleine Luisa, die wir so sehr erwarteten, endlich geboren. Ich, das bin ich, Jana, ihre Mama, und ihr Papa, das ist Dirk, der beste Papa der Welt! Wir zwei und scheinbar der ganze Rest unserer Familie freuten uns sehr über dieses kleine Wunder und so nahmen wir es in unsere Mitte und sofort in unser Herz auf! Aber schon in den ersten Tagen nach der Geburt bereitete uns ihr Zustand ein wenig Bauchschmerzen, schließlich wollten wir sie ja bald mit nach Hause nehmen: Luisas kleiner Körper wurde mit der Zeit immer gelber, auch trank sie schlecht, manchmal gar nicht.

Die relevanten Blutwerte waren seinerzeit zwar grenzwertig, aber nicht besorgniserregend – wie so fast alles in den nächsten vier Jahren. Also bekamen wir den Hinweis, ihr Gewicht gut zu überwachen und den Bilirubinwert, welcher die Funktion von Leber und Gallenwegen überwacht, stets abklären zu lassen. Zu diesem Zeitpunkt hatten wir keine Ahnung, was so ein Wert macht, was er bestimmt, wozu er existiert. Das sollte sich sehr schnell ändern, denn nach knapp einem halben Jahr sprachen die Ärzte bereits mit Dirk wie mit einem »Kollegen«, war er doch mit seinem Wissen fast auf ihrem Stand. Bis heute bewundere ich ihn dafür, dass er die große Gabe besitzt, alles, was die Ärzte sagen, für mich »übersetzen« zu können!

Nicht, dass ich nicht in der Lage wäre, diese Sprache der Ärzte zu verstehen, dennoch höre und lese ich ganz oft eher zwischen deren Zeilen und baue mir so ein Konstrukt auf einer anderen Ebene, vielleicht auf einer emotionaleren.

Luisa nahm nicht zu. Sie nahm auch keine Nahrung auf, denn alles, was wir mühevoll in sie hineinbrachten, kam ganz ersatzlos wieder heraus. Ok, ich gebe zu, das brachte unser junges Elterndasein schon ziemlich aus dem Gleichgewicht und ja, bereits in Woche zwei an den Abgrund des Wahnsinns! Schöne Eltern waren wir da. Ich machte mir so unendlich große Vorwürfe, mein Kind nicht satt zu bekommen, und Dirk war stets und ständig damit beschäftigt, wiederum mich zu beruhigen.

Wir freuten uns über jedes Gramm, was Luisa zunahm, bloß war es viel zu wenig. Unsere damalige Kinderärztin schlug Alarm und wies uns in Lebenswoche drei ins Krankenhaus ein. Eine erste Sonographie ergab eine vergrößerte und bereits umgebaute Leber sowie eine viel zu große Milz! Ich sah nur noch rot. Mein süßer Fratz in einem Krankenhaus? Was war das alles? Warum denn wir? Warum so drastische Maßnahmen und warum in aller Welt wir? Ich begriff die Welt nicht mehr. Wie ein Schatten meiner selbst packte ich Luisas Sachen, diese niedlichen kleinen Dinge, die mir vor vier Wochen ein breites Grinsen verschafften, weil ich davon träumte, wie schön sie wohl darin aussehen würde. Keinerlei Mutterfreuden erreichten mich, von denen väterlicherseits ganz zu schweigen! In der Geburtsklinik angekommen, wurde Luisa sofort an die Überwachung gelegt und ihr wurden gefühlte 123 Kanülen Blut abgenommen.

Unser Sonnenschein war immer noch das schönste Baby der ganzen Welt und es war unseres, ganz allein unseres! Egal, was da noch kommen mochte. Am Abend der Einweisung setzten wir uns mit einer guten Flasche Wein ins Gras an die Elbe und beschlossen, dass wir da durch müssten, egal, was kommt und dass wir es schaffen würden, egal, was kommt und wir würden sie lieben, jede Faser ihres Körpers und jeden Teil ihrer Seele, denn sie gehörte zu uns. Wir waren jetzt drei! Und wenn das unser Weg sein sollte, dann war er es! Mit einer gehörigen Portion Lebensmut traten wir an ihr Krankenbett, standen dort Stunde um Stunde. Es sah wohl nicht ganz so gut aus, ABER sie trank. Luisa nahm zu! Was für ein Etappensieg. Dennoch blieb eine Diagnose nach gut einer Woche warten, etlichen Sonographien, Blutentnahmen usw. aus und man überwies uns in die wohnortnahe Kinderklinik, da Luisa jetzt bereits fünf Wochen alt war.

Der erste Verdacht fiel dort sofort auf die von uns so gefürchtete Gallengangatresie. Der dortige Arzt und fortan für lange Zeit kompetente Partner an unserer Seite nahm uns mit seiner beruhigenden Art erste Ängste und entschied nach gut einer Woche eine Verlegung in die Kinderklinik nach Hannover. Die Kollegen seien spezialisierter und könnten auf einen viel größeren Erfahrungsschatz zurückgreifen. Ich fragte mich die ganze Zeit, was er meinen könnte. Wozu brauchten wir diese Spezialisten? Was würden sie denn dort anders machen als hier? Wozu Erfahrungen? Er sprach in seinem Hinterkopf bereits mit uns über mögliche Operationen, sogleich über eine Lebertransplantation, da es vordergründig um Leber und Milz ging! Was bedeutete das für uns? Ein drittes Mal die Kliniktasche packen. Mittlerweile war ich Profi in all dem Zeugs drum herum, nur nicht im Verarbeiten und im »zur Ruhe kommen«. Ich schlief kaum mehr eine Nacht ohne Angst ein und wachte sehr früh am Morgen mit demselben Sorgenpaket wieder auf. Ich fing an, wieder viel zu weinen. Ein Zustand, der natürlich immer wieder da war, ist und bleiben wird. Allerdings gehört auch Weinen zum Leben dazu und manchmal tut es sogar richtig gut. Aber bis ich das begriff, vergingen fast fünf Jahre.

In der Klink in Hannover angekommen, fühlte ich mich irgendwie »geborgen«. Es ist für Außenstehende vielleicht etwas eigenartig formuliert, aber ich behaupte, ebenfalls für Dirk, wir hatten das Gefühl, dass uns hier endlich geholfen wird!

Ein sehr kompetentes und fachspezifisches Ärzteteam nahm uns in Empfang und das Prozedere, was wir mittlerweile über uns ergehen ließen, setzte von vorne ein. Messen, Wiegen, Blutentnahmen, Zugang legen, Überwachung anschließen, ankommen. Wieder einmal ankommen, wo wir überhaupt nicht vorhatten anzukommen! Aber was half es uns? Nichts! Positive Gedanken hieß es abermals zu komprimieren und an der richtigen Stelle freizusetzen und – es klappte! Für die Hannoveraner stand ziemlich genau nach drei Tagen Diagnostik fest, Luisa leide an Gallengangatresie und müsste an Tag fünf schnellstens operiert werden, sonst könne es womöglich zu spät sein. WIE BITTE? Was sagten sie da zu uns? Und eine Listung für die Organtransplantation müsse stattfinden, denn ihre Leber sei stark geschädigt. Oh mein Gott! Was war da los? Wo war nur unser Leben hin? Alle positiven Gedanken, die doch eben noch so dicht beieinander waren? Sie waren weg, einfach gelöscht. Vorerst.

Wir schreiben den 14. August 2009, der Geburtstag meines Mannes und bis heute auch Luisas zweiter Geburtstag im Jahr.

Luisa wurde operiert, eine künstliche Darmschlinge sollte geschaffen werden, sodass die Leber entlastet würde, da sich bereits eine große Menge cholestatisches Material angesammelt hatte. Ein letzter Kuss auf ihre noch immer gelb gefärbte Haut und eine Verabschiedung ins Ungewisse. An Geburtstag war nicht zu denken. Wir sollten nicht unbedingt auf dem Klinikgelände bleiben. Sollten spazieren gehen, was einkaufen, man würde uns anrufen. Das taten wir, völlig neben der Spur. Wir müssen heute noch lachen, was in unserem Korb lag: nur »unnützer Kram« und wieder Wein ...;)

Als wir im Supermarkt an der Kasse standen, klingelte das Telefon. Nach zweieinhalb Stunden bereits...! War das jetzt ein gutes oder ein schlechtes Zeichen? Wir wurden schnell erlöst und man sagte uns sogleich, dass es Luischen gut ginge, sie alles gut gemeistert hätte und wir auch gleich zu ihr könnten. Ich war der glücklichste Mensch auf der ganzen Welt. Mein Dirk auch. Wir teilten uns diese Position, wie immer in jenen Momenten, die unser Leben für immer verändern sollten.

Man sprach sofort mit uns und teilte uns mit, dass es **keine** Gallengangatresie wäre, Luisa ein kleines Wunder und wir erst einmal von der Listung absehen könnten, da es der Leber zwar nicht gut, aber so schlecht jetzt auch nicht ginge. OK, da freuten wir uns sehr und hofften, dass sie trotz allem bald wüssten, was Luisa aber sonst hatte. Denn irgendwie hatte sie ja etwas. Das sagten mir mein Herz und mein Bauch und mein Kopf als Mutter.

Wir sollten noch einige Tage warten, bis Luisa transportfähig wäre. Nach gut 14 Tagen entschieden wir dann, uns ein wenig selbst zu entlassen, da es Luisa den Umständen entsprechend sehr gut ging. Sie verkraftete alles sehr bemerkenswert und wir schienen nach dieser Erfahrung wieder dem Leben ein Stückchen nähergekommen zu sein, denn Luisa wurde auf eine spezielle Nahrung umgesetzt und fortan nahm sie zu. Es ging alles so fantastisch voran. Kein Speien mehr, keine Verweigerung an der Flasche mehr, unser Kind wollte leben! Es war großartig, sie wachsen zu sehen. Daheim gingen wir fortan alle vier Wochen zu den Kontrollterminen und ließen ihre Werte checken, welche immer besser wurden. Luisa entwickelte sich prächtig. Wir genossen jeden Tag und ließen keinen Moment der Freude und Begeisterung für dieses – unser – kleines Wunder aus. Wir durften nach gut einem Vierteljahr voller Ängste und Albträume endlich sein, was wir waren ... ELTERN!

Allerdings fehlte immer noch eine Diagnose. Dieses Wort manifestierte sich in meinem Kopf, machte sich an manchen Tagen breit wie eine Flunder, an anderen gab es das Wort nicht. Dennoch war es nie so ganz weg und diese ganzen komischen Gedanken lieferte mein Unterbewusstsein stets und ständig in Momenten des Nachdenkens dazu. Ich bin bis zu Luisas Geburt ein Mensch gewesen, der immer gern alles »überwachte«. Ziemlich strikt, ziemlich präzise und ziemlich genau. Da war nach diesem turbulenten Vierteljahr nicht mehr dran zu denken. Und ganz allmählich beginne ich, jetzt nach fast fünf Jahren, diese Jacke abzulegen, sie einzumotten. Es fällt mir an manchen Tagen leichter, an einigen anderen schwerer.

Ohne Diagnose, aber mit ganz viel Lebenselan und Esprit starteten wir durch. Ich begann, mit Luisa ein tolles Mutter-Tochter-Dasein zu führen, besuchte Pekip und Babyschwimmen. Luisa fing an, feste Nahrung zu sich zu nehmen und wir beschlossen, dass ich nach einem Jahr wieder ins Arbeitsleben zurückkehren würde. Auch Luisas Blutwerte blieben weiterhin stabil und »erholten« sich sehr gut. Wir fuhren zum ersten Mal mit unserer Knutschkugel in den Urlaub an die Ostsee, sie lernte dort im 12. Lebensmonat laufen und sagte »Mama«, »Papa«, »Da« und »Auto«! Wie glücklich wir waren, erübrigt sich an dieser Stelle zu beschreiben.

Sie entwickelte sich fortan sehr gut und wir dachten nur noch an Fortschritte, niemals an etwas noch Grausameres als das, was uns bis dahin begegnet war. Die Kontrolltermine in der Klinik wurden weitmaschiger, aufgrund der guten Blutwerte. Und so kamen diese ganzen düsteren Gedanken nur noch alle Vierteljahr in uns hoch. Das ertrugen wir gut und wir führten ein relativ entspanntes Leben. Ein bisschen seltsam erschien es mir, dass Luisa motorisch soweit fit war, auch kletterte, rutschte, schaukelte usw., dennoch nicht anfing, zu sprechen. Ich bemerkte es bei jedem

Kinderarztbesuch, bei jeder U-Untersuchung an, nur hatte damals und tatsächlich bis fast zur Diagnose im Herbst 2013 niemand ein Ohr für mich. Ich wurde sehr oft beruhigt von den Ärzten, die Kleine hätte viel durchgemacht, das würde schon!

Ok, ich kann ja nicht mehr tun, als meine Beobachtungen schildern. Aber niemand sah darin Warnsignale! Dabei war die fehlende Sprachentwicklung mit fast zwei Jahren – jedenfalls in meinen Augen – wohl kaum noch mit Luisas früheren Krankenhausaufenthalten zu entschuldigen. Tagein, tagaus übte ich mit ihr Lieder und Verse, nur: Luisa tangierte das so gar nicht. Sie machte alles andere, nur nicht sprechen und schon gar nicht flüssig. So beschloss ich, das Thema Sprachentwicklung beiseite zu packen und mich wieder an meinem Kind zu erfreuen.

Wir begannen, uns einer Kindersportgruppe anzuschließen. Luisa liebt Bewegung und geht bis heute mit Freude zu ihren Sportkindern. Die dortige Gemeinschaft ist eine tolle Erfahrung. Sie gibt ihr das gute Gefühl, nicht anders zu sein, eine von ihnen zu sein! So wichtig wir Eltern oder Großeltern auch sein mögen, wir können nicht eine solche Gemeinschaft ersetzen.

Entspannen

Es war herrlich mit anzusehen, wie sich unsere kleine Süße vom zweiten zum dritten Geburtstag hervorragend entwickelte und was sie alles aufholte, ohne fremde Hilfe, außer der unseren.

Mit dieser Wärme im Herzen und Luisas Wunsch – und auch unserem – danach, schmiedeten wir Geschwisterpläne. Ich stellte mir natürlich sofort Horrorszenarien vor, die dasselbe Programm abspulten, wie es sich vor gut zwei Jahren anließ und so war ich ein bisschen der Stimmungskiller in diesen unseren tollen Momenten. Dirk und Luisa brauchten mich dennoch nicht lange überzeugen und es stand fest, wir wollten Nachwuchs bekommen! Mittlerweile waren wir das zweite Jahr zur Ostsee gefahren, bauten ein Haus, brachten Luisas Kontrollen hinter uns und wechselten unsere betreuende Klinik. Wir stießen auf einen tollen Arzt und er war richtungweisend und engagiert, nach einer Diagnose Ausschau zu halten. Dieses große Wort mit dem noch größeren Fragezeichen.

Ich wurde kurz vor Luisas 3. Geburtstag schwanger. Inmitten des Alltags und in totaler Euphorie auf die bevorstehende Party bemerkte ich es nicht einmal und so schnell es kam, ging es auch wieder. Wieder Tränen, Tränen, die diesmal einem anderen Leben galten, als jenes, was Leben bereits erfahren durfte. Tränen der Angst, schon wieder. Tränen der Verzweiflung und aber auch der Nachfrage, warum war es von uns gegangen? Ich brauchte eine gewisse Zeit, um es zu begreifen, dass dies ein Wink war, ein Hinweis für unser weiteres Leben. Der Hinweis auf das, was vor uns lag. Wieder musste etwas geschehen, was uns *unserem* Leben näher bringen sollte. Die Entscheidung stand fest, wir mussten wissen, was unser Kind hatte, was es war, was uns immer wieder zweifeln ließ, ob wir ein gesundes Kind hatten oder nicht. Heute ist mir das ziemlich egal, ob ich ein gesundes Kind habe oder ob es die kleine Unterschrift »gehandicapt« trägt. Es ist mein Kind, unser Kind. Es ist wirklich egal, wenn man es verstanden hat, wie Leben funktioniert. Nur dieses Verständnis hat nicht jeder und auch wir mussten uns zur totalen Verständniserklärung noch etwas gedulden.

Wir pflanzten einen Baum in unseren Garten und stellten ihn so auf, dass wir ihn nur aus ganz bestimmten Positionen sehen konnten. Das Witzige ist, er ist mittlerweile so groß und wuchtig geworden, dass wir ihn, egal an welches Fenster wir uns stellen, immer sehen, und auch wenn Dirk ihn beschneidet, wächst er dreimal so schnell nach. Als wolle er uns damit etwas sagen. Er will immer noch dazugehören und das tut er auch!

Der 3. Geburtstag war ein großer Erfolg und wir feierten eine tolle Party, welche wie immer an diesen besonderen Tagen viel zu schnell vorüberging und von der keiner Lust hatte, nach Hause zu gehen, am wenigsten Luisa! ;=)

Hoffen und Warten

Luisa bereitete uns ab ihrem dritten Geburtstag einmal mehr Bauchschmerzen, denn sie begann, ihr Gangbild zu verändern. Sie stolperte häufig, machte einen gewaltigen Schritt, wo zwei kleine ausreichten, traute sich nicht mehr, von etwas herunter zu springen, war oft erschöpft. Wir erfanden für alles Ausflüchte und rechtfertigten unseren kleinen großen Schatz in jeder ihrer Tätigkeiten. Dieses Leben wurde plötzlich anstrengend. Auch der geliebte Kindersport wurde für einige Zeit zur Qual. Luisa war wenig motiviert, hielt die Sportstunde nur noch mit großer Mühe durch und freute sich umso mehr, wenn wir sie abholten. Sie wechselte in dieser Zeit auch von der Kinderkrippe in den Kindergarten, was sie zusätzlich sehr stresste. Es war von nun an sehr laut, sehr groß, sehr schnell, sehr viel.

Ich beobachtete sie genau und es ging ihr fortan nicht besser. Was war das plötzlich? Warum jetzt? Den Organen ging es doch wesentlich besser und ihr Blutbild versprach auch so viel. Irgendwas stimmte nicht mehr. Ich wurde sehr nachdenklich und als eines nachmittags ihre Betreuerin berichtete, sie sei einfach beim Mittagstisch vom Stuhl gefallen, ohne einen erkennbaren Grund, war ich sehr beunruhigt. Man fällt doch nicht einfach so vom Stuhl? Was veranstaltete denn ihr Gehirn da mit ihr? Was brachte sie so sehr aus dem Gleichgewicht, im wahrsten Sinne des Wortes? Diese ganzen Fragen kreisten in meinem Kopf und ließen mich wieder nicht zur Ruhe kommen. Es begann von vorn. Noch immer gab es keine Antwort für das fehlgeschlagene Leben. Noch immer keine Antworten auf die vielen Fragezeichen.

Mittlerweile wurde es Herbst im Jahr 2012 und so wirklich besser erging es Luisa nicht. Immerhin entwickelte sich ihre Sprache allmählich, was hoffen ließ, mich aber längst nicht beruhigte. Die Ärzte, so kompetent sie hier auch waren, mussten schnell die Behandlungs- und Diagnostikgrenzen feststellen und da unser Traum von einem Geschwisterchen für Luisa noch nicht ausgeträumt war und ist ;=), packten wir schon innerlich die Kliniktasche und machten uns mit einer riesigen Portion Hoffnung erneut auf den Weg nach Hannover, zunächst in unseren Köpfen. Wir wollten diese Gewissheit, weitere Rückschläge würden wir nur schwer verkraften und somit war es klar, die Diagnose konnte nicht mehr lange auf sich warten. Ich glaube, wir waren selten so entschlossen, gleichzeitig aber von unserer Ratlosigkeit erschlagen. Es half alles nichts, wir traten diesen Weg an, um wieder auf dem so wichtigen richtigen Pfad des Lebens anzukommen, denn gerade zu jener Zeit gab es doch wirklich viele Nebenstraßen, die wir passierten und die scheinbar oft in Sackgassen endeten. Das sollte sich ändern. Egal was kam, wir würden bereit sein. Und genau das sind wir! Bereit für unser Leben! Einmal mehr, einmal weniger.

Ganz so schnell ging es wieder alles nicht und so verstrich die Jahreswende und wir fuhren erst im neuen Jahr nach Hannover in die Klinik. Es folgten etliche Gespräche, Blutentnahmen, welche in ferne Labore geschickt wurden, DNA Untersuchungen und das Gesicht der Ärzte legte sich von Untersuchung zu Untersuchung mehr in besorgniserregende Falten. Ich ignorierte die Ärzte und die Falten und wusste jedoch tief im Inneren, je mehr sie gewisse Erkrankungen ausschlossen, desto mehr erhärtete sich ein Anfangsverdacht. Ich musste nach jedem Termin innerlich würgen und Dirk spürte jedes unwohle Gefühl in mir und abends weinten wir ganz oft zusammen, ganz still und leise, aber zusammen. Das war so wichtig!

Im Februar 2013 kam mir in den Sinn auszubrechen, ich bildete mir ein, weglaufen zu müssen, weg an einen Ort, wo uns niemand kannte. Wo ich mich für mein tolles Kind nicht rechtfertigen musste, warum es so wenig spreche, warum so wacklig laufe und immer so müde sei. Ich konnte es nicht mehr hören, wenn morgens die Nachbarn sagten: »Luisa, du siehst aber müde und noch gar nicht ausgeschlafen aus.« Diese Aussagen verursachten ganz oft schlechte Laune in mir.

Gerade heute erlebte ich es wieder. Beim Kindersport wunderte sich eine Mami, warum Luisa ihren Bauch so rausstrecke. Ich schmunzelte in mich hinein und dachte: »Erzähl‹ ich ihr vom Gendefekt am Chromosom 18 oder lass‹ ich sie über

Luisas Bäuchlein weiter lächeln?« Ich entschied mich heute fürs Schmunzeln und grinste mit ihr um die Wette. ;=)

Ich hatte jedenfalls die Nase gestrichen voll von alldem und trat die Flucht nach vorn an, natürlich mit Luisa! Wir beantragten eine Kur, eine Rehabilitationskur für Luisa, da sie bis zu diesem Zeitpunkt parallel viel mit Bronchitis und aufkommendem Asthma zu tun hatte. Jede Erkältung endete in einer Bronchitis und auch ihre Haut fing an zu rebellieren! Da musste Abhilfe herbei und sie kam sofort mit einer Zusage für eine dreiwöchige Rehabilitationskur in Bad Kösen. Es sollte eine sehr gewinnbringende Zeit für uns werden mit tollen Therapeuten, welche von Luisa fasziniert waren und nicht locker ließen.

Am genialsten für mich war diese neue Erfahrung, mein Kind 24 Stunden nonstop kennen lernen zu dürfen und 24 Stunden für es da zu sein, tatsächlich 24 Stunden. Daheim war es ja doch etwas anders gelagert. Auf der anderen Seite war es ein Knochenjob, der mit Erholung nicht viel zu tun hatte, jedoch war das ja auch nicht der Ansatz. Umso mehr freuten wir uns auf unseren Papa an den Wochenenden. Bereits am zweiten Abend lernten wir eine liebe Freundin kennen. Wir waren am zweiten Tag noch Tischnachbarn, nach drei Wochen vervollständigten wir des anderen Sätze und wussten, was wir zu unseren Schwiegermüttern für eine Beziehung haben, soll heißen: Wir wurden Freunde, Freunde auf Lebenszeit. Und was soll ich sagen, uns verbindet noch etwas wesentlich Bedeutsameres. Wir teilen zwei Faszinationen: zum einen meine Liebe, das »Laufen«, und zum anderen »Tatort am Sonntag im Ersten«, bis heute. So verbrachten wir eine tolle Zeit in Bad Kösen und galten bei allen als das kongeniale Team. Die Kinder waren sich ebenfalls einig und sind es bis heute. Ach ja, die Männer verstanden sich seit dem ersten Zusammentreffen auch ganz hervorragend. ;=)

Eines Tages, es war so in der ersten Hälfte der zweiten Woche, kam ein Krankengymnast auf mich zu und wollte wissen, warum Luisa mit ihren knapp dreidreiviertel Jahren so unsicher liefe. Ich dachte nur: »Oh nein, es geht wieder los.« Ich konnte hinlaufen, wo ich wollte, es war wie verhext. Es wäre ihm bereits in der ersten Woche aufgefallen, dass sie kein normales Gangbild hätte. Wer bitte sagt, was NORMAL ist? Aha, ok, dachte ich, dann alles auf Anfang! Ich ließ mich darauf ein, wählen war schwierig …

Es war ihm eine Herzensangelegenheit, Luisa zu untersuchen und festzustellen, dass sie muskulär erst einmal unauffällig wäre, nur der linke Fuß eine leichte Fehlstellung aufwiese. Er schickte uns zur Motopädin im Haus. Sie befragte mich gezielt zu Luisas Augen und deren Ungenauigkeit im Zusammenspiel mit Händen und Füßen. Ganz ehrlich? Das bereitete mir schon länger in ähnlichem Maße Kopfzerbrechen, denn Luisa konnte nicht puzzeln und nur mit dem Kopf auf dem Tisch malen und auf einer Bank balancieren, gelang nur noch in den seltensten Fällen ohne Patzer! Was ihr wieder richtig gut gelang, war das Springen von Erhöhungen. Luisa erhielt fortan kleine Therapieeinheiten bei der Motopädin. Schon nach kurzer Zeit stellten sich Verbesserungen ein, zumindest bildete ich es mir ein, denn ich hätte es besser wissen müssen. Nach so kurzer Zeit konnte sich nichts verbessern. Und so verbrachten wir unsere aufregende Zeit in Bad Kösen und fuhren mit einem Rucksack voller Aufträge nach Hause! Die Taschen waren noch nicht ganz weggsortiert, da hatten wir einen ersten Kennlerntermin bei unserer Ergotherapeutin, einen Termin in der Augenklinik sowie größte Erwartungen an die bevorstehende U-Untersuchung, was sich aus heutiger Sicht als Fauxpas der ganz besonderen Art herausstellte.

Ich hatte allerhöchsten Respekt vor der achten U-Untersuchung. Sie schien mir der Dreh- und Angelpunkt in dieser wahnsinnigen Welt, die mittlerweile tatsächlich nur noch mit Wahn gefüllt war. Dirk war locker und entspannt. Sein Lieblingsstatement war und ist von Anfang an: »Mögen sie, und damit meint er die Ärzte und Therapeuten, all das sagen, was sie mögen, es ist und bleibt mein Kind, unser Kind! Sie ist genau richtig, wie sie ist!« Ich hätte mir gewünscht, nur ein winziges Partikel von dem aufzusaugen, was er da sagte. Aber es kam nichts bei mir an. In der Zwischenzeit tat sich große Leere in mir auf und ich wurde nicht Herr der Lage, obwohl ich das doch sonst so gut konnte.

Wir brachten die U8 mit Hängen und Würgen hinter uns und verließen mit mehr Wut als Angst die Arztpraxis und schworen uns, nie wieder eine derart herablassende »Begutachtung« unseres Kindes zu veranlassen, niemals wieder. Ich empfand dieses Arztgespräch so erniedrigend und emotionslos, dass ich eine ganze Nacht nicht aufhörte zu weinen. Ich weinte, ach, ich heulte und heulte die ganze Nachbarschaft zusammen und sah morgens komisch aus. ;=) Ich stand wieder ganz hinten in der Schlange und wusste nicht, wie ich jemals wieder erste sein könnte. Wie so oft brauchte ich etwas Organisation in meinem Kopf und rückte mir meinen, unseren Fahrplan für die nächste Zeit zurecht, denn seit der U8 galt unser Kind als *entwicklungsverzögert*. WOW, das war ein fulminantes Wort! Wieder so ein Wort, welches unsere Luisa beschreiben sollte, aber nicht tat! Aufgrund der U8 sollten wir schnellstmöglich in die Kinderklinik überwiesen werden, da dort die nötigen Untersuchungen veranlasst würden. Hallo?!? Hörte denn auch zur Abwechslung mal jemand zu? Wir fuhren doch schon wieder los, um zu diagnostizieren!

Ich beschloss, fortan meinen Bauch entscheiden zu lassen, welche Vorgehensweise und welche Untersuchungen Sinn machten, jene mit Sicherheit nicht. An dieser Stelle stand ich mir, wie so oft in der vergangenen Zeit, gewaltig selbst im Weg, denn Heilpädagogin zu sein, erfüllte mich sehr, nur nicht, wenn ich mich mit dem eigenen Kind auf den Weg machen musste.

Dieser Tatbestand, nicht »nur« eine ganz »normale« Mami zu sein, sollte mir ab hier tagtäglich begegnen. Mein Gefühl ist, dass viele Menschen um mich herum oftmals auch die professionelle Sicht erwarten, eine Sicht, die ich bei Luisa ganz oft nicht habe. Ich weiß nicht, ob ich sie bewusst wegschiebe oder verdränge oder ob ich mir einfach nur sehnlichst wünsche, ich könnte auch mal einen Tag ohne Gedanken über die bestmögliche und effektivste Förderung auskommen. Ich würde mir so sehr wünschen, dass der Großteil der Menschen nicht der Meinung wäre, weil ich vom Fach sei, müsse ich bezüglich Luisas Therapieplan alle Antworten kennen. Ich kenne viele, aber bei Weitem nicht alle und ich möchte sie auch nicht kennen, denn ich bin in erster Linie Luisas

Mami und erst in einer nächsten Instanz ihre Therapeutin. Diese selten ausgesprochene Vorverurteilung, diesen Kampf, den ich mit mir stets und ständig austrage, strengt mich an, sehr sogar. Ich habe mir lange Vorwürfe gemacht, warum ich das ein oder andere Anzeichen nicht früher erkannt habe, warum ich vieles abgewartet habe, obwohl ich unbewusst die Erkenntnis hatte, dass etwas nicht im Fahrwasser lief. Ich gebe mir Mühe, sehr viel Mühe sogar, aber ich möchte auch so gern einfach nur eine Mami sein, die schöne Haarspangen aussucht und Flechtfrisuren lernt.

Ich rührte das Therapeutenkarussell und ließ alle möglichen Menschen auf Luisa schauen, in einer Art und Weise, wie sie Luisa und uns gefiel. Auch eine wochenlange Untersuchung der Ohren und der damit verbundenen Sprachentwicklung brachen wir sofort ab. Unser Kind hatte gute Ohren und dass sie mit vier Jahren keine Bildergeschichten erzählte – ja nun, sei es drum, erzählt sie sie halt später. Ganz so einfach war es leider nicht und so begannen wir einmal wöchentlich mit Ergotherapie.

Nur vorab: Wir alle drei vermögen nicht in Worte zu kleiden, was unsere liebe Ergotherapeutin bislang auf den Weg gebracht hat und glauben sehr stark an ihre Lebensphilosophie und das, was diese in Luisa bewirkt. Sie schaut nur auf Luisa und Luisas Bedürfnisse. Sie richtet sich stets nach ihrem Entwicklungstempo. Sie geht mit Luisa drei Schritte vorwärts und wieder zwei zurück, gibt Luisa nie auf.

Da wir Luisa mit der neu aufkommenden Situation nicht überfordern wollten, setzten wir für ein Jahr mit dem Kindersport aus und veranlassten zusätzlich zur Ergotherapie eine Physiotherapie.

An einem Nachmittag im späten Frühling, es waren knapp zwei Wochen vor Luisas 4. Geburtstag, erreichte mich nach Dienstschluss ein Anruf aus der Kinderklinik in Hannover. Ich sah die Nummer im Display und zuckte zusammen, obwohl es noch gar keine Auskünfte zu geben schien. Sie hätten bereits längerfristig die Variante mit der erneuten Leberbiopsie und der Hautbiopsie ins Auge gefasst und nun sei ein Patient abgesprungen und es wäre ein Bett frei. Sie würden es so schnell wie möglich durchführen wollen, um schnellstmöglich Aussagen treffen zu können.

War das der Anfang vom Ende? Nein, das war unsere Eintrittskarte ins Leben! Ich organisierte unseren Aufenthalt und zwei Tage später saßen wir im Auto nach Hannover. Wir drei auf der Überholspur. Den Aufenthalt in der Klinik teilten sich Dirk und ich ein wenig, da es sonst wirklich eng geworden wäre mit unseren Arbeitszeiten. Dirk machte die Aufnahme, ich ab dem nächsten Nachmittag den Rest. Das brachte Abwechslung für Luischen und außerdem brachte ich an diesem Nachmittag ein »bisschen Durchblick« für Luisa mit.

Am 15. Juni 2013 erhielt Luisa ihre erste Brille. Sie war sehr stolz und schritt mit ihrer neuen »Rille« über die Klinikflure, als ob sie noch nie etwas anderes auf der Nase hat sitzen gehabt. Die Schwestern auf der Station waren wie immer fantastisch und taten mir so unendlich gut, gaben mir das Gefühl, eine Mutter sein zu dürfen, auch mit krankem Kind.

Den Eingriff meisterte Luisa gut, nur die Narkose war diesmal so gar nicht unser Freund. Sie kam aus selbiger nicht gut heraus und hatte noch Stunden später Schmerzen. Luisa krümmte sich und weinte sich in die Schlafphasen. Der nächste Morgen jedoch brachte neuen Mut und ganz viel Sonne, denn das große Sommerfest der Medizinischen Hochschule Hannover stand bevor und Luisa freute sich sehr auf dieses Fest. Mal ganz davon abgesehen, sollte ich Luisa beobachten und wenn es ihr gut erginge, könnten wir sogar am frühen Abend nach Hause fahren. Der Plan ging auf. Nach Würstchen, Eis, Kinderschminken, Luftballons formen, Teddybärenkrankenhausbesuch und etlichen Kakaogetränken fuhren wir heim.

Von der Haut würden Zellkulturen angelegt werden und die Ergebnisse der Leberbiopsie sollten in ca. einer guten Woche da sein.

Die Zeit des Wartens begann …

Wir feierten Luisas 4. Geburtstag und zum ersten Mal konnte Luisa ihre Partygäste am Kindergeburtstag selbst bestimmen. Es war ein sehr schöner und relaxter Nachmittag, an dem Luisa einmal mehr die Unbeschwertheit des Kindseins spüren durfte und überhaupt gar nichts anderes vermochte außer glücklich sein!

Sie flitzte mit den anderen Kids um die Wette, zeigte sportlichen Ehrgeiz beim Dosenwerfen und triumphierte beim Trampolinspringen. Denn das kann sie bis zum heutigen Tag ausgesprochen großartig und daher gibt es vor jedem morgendlichen Zähneputzen eine kleine Trampolineinheit.

In Luisas damaliger Kita wurden vermehrt Stimmen laut, nicht in negativer, vielmehr in alarmierender Weise, dass eine Gruppe von 30 Kindern für Luisa eine extreme Herausforderung darstelle, jeden Tag aufs Neue! Ich selbst arbeite in einer integrativen Kita und habe mich lange davor gescheut, den Gedanken, sie mit in die Einrichtung zu nehmen, auszudenken. Es gab ein langes, sehr ernstes und ehrliches Gespräch mit einer guten Freundin, heute Luisas Betreuerin, über die Eventualitäten, die eintreffen könnten. Und sie hat sie alle sehr genau benannt und somit konnte ich sehr gut im Vorfeld abklopfen, ob mich das an meine Grenzen bringen würde oder ob ich nicht alles, in erster Linie meine Befindlichkeiten, denen unserer Luisa hinten anstellen könnte.

Luisa besucht seit nunmehr fast zwei Jahren unser beider Kita und es war das Beste, was passieren konnte, denn sie ist seit dem Wechsel und dem Gefühl, aufgefangen zu werden, ein ganz anderer Mensch. Sie singt und tanzt, spricht den ganzen Tag, ist einfach glücklich, ein Teil von etwas zu sein und zwar ein ganz »normaler«, kein Teil, welcher nicht mehr so ganz passt. Es ist wunderbar, mit anzusehen, was sie aus diesem Lebens- und Lernumfeld mitnimmt, wie sie eigene Lösungsstrategien entwickelt, wie sie lebt. Und sicher, es ist nicht jeder Tag gleich, es geht auch einiges in die Hose ;=), da ich sicher auch eine sehr anspruchsvolle Mutter bin, wir sehr anspruchsvolle Eltern. Denn wir wissen sehr wohl, dass es an manchen Tagen ausgesprochen herausfordernd ist, allerdings werden wir ganz oft mit einem bezaubernden Lächeln belohnt. Sie darf einfach sein, was sie ist, ein Kind.

Der Sommer 2013 verging schneller als gedacht, ohne Diagnose. Ich bereitete alles für den Kitawechsel vor und Dirk fuhr fleißig mit Luisa zu ihren Therapieterminen. Das macht Dirk ausgesprochen vorbildlich und herausragend. Er kann sich alles sehr gut merken, wird nach gut einem Jahr langsam Profi in Sachen ganzheitliche Förderung und liebt es, mir abends von einer tollen Therapieeinheit bei der Ergotherapeutin oder der Physiotherapeutin zu erzählen. Alle Therapeuten sehen viel Potenzial in Luisa und erkennen derzeit einen gewaltigen Schub nach vorn.

Luisa gelang der Kitawechsel beachtlich gut. Es gab genau zwei Tage Tränen in der Eingewöhnungsphase, danach lief alles wie von selbst und in der dritten Woche brauchten wir auch keinen Mittagschlafkuss mehr, denn Luisa war jetzt eine Ameise und die schaffen enorm viel, obwohl sie so winzig sind. Mittlerweile hat sie sich sehr gut eingelebt und bastelt an festen Freundschaften. Ihre Mädels der Ameisengruppe sind einfach wunderbar und tun ihr so gut. Sie bringen sich Tag für Tag ein Stückchen weiter, zeigen sich einmal mehr den Weg und vor allem, sie begleiten sich gegenseitig. Das ist so viel wert und es passiert einfach so! Dafür könnte ich sie allesamt umarmen und tue es manches Mal auch, ohne dass sie wissen, warum ich es tue. ;=)

Kurz nach der Eingewöhnungsphase stand ein erneuter Kontrolltermin in der Klinik in Hannover an und da es seit Juni keine Info von den Zellkulturen gab, erhofften wir uns eine Fahrt der Gewissheit. Diese sollte es werden, mit allem, was dazugehört.

Luisa trug ihr rotes Lieblingskleidchen und Dirk, wie immer an diesen besonderen Kliniktagen, ein elegantes Hemd. Ich mag ihn, wenn er Hemden trägt. ;=) Ich hüllte mich wie so oft in schwarze Sachen, weil ich mir einbildete, sie würde mir zu meinem Glück beitragen, diese Farbe, die eigentlich gar keine ist.

Den einzigen Satz, den der Arzt sehr leise sagte, sollte unser Leben von nun an bestimmen: »Fangen Sie an, Ihr ***LEBEN*** zu *genießen* und tun Sie alles, was Sie drei, aber vor allem Luisa ***glücklich*** macht! Diese Erkrankung ist sehr schwerwiegend und kein Verlauf gleicht dem anderen!« Mir schossen sogleich Tränen vor Wut, Angst, Verzweiflung, Ungerechtigkeit, aber auch aus Liebe, Achtung und Respekt vor meinem Kind und dem Leben, Kraft und Lebensmut in die Augen! Ich wusste nicht wohin mit mir, nahm um mich herum nichts und niemanden mehr wahr. Es war wie in einem schlechten Traum und doch hatte ich mir eine Diagnose so sehnlichst gewünscht. Nun hatten wir sie … die ***DIA-***

GNOSE! Tolle Diagnose, die wir da hatten. So vernichtend und doch so wertvoll!

Wenn wir von der Diagnose unserer Tochter sprechen, sprechen wir von Niemann Pick Typ C (NP-C).

Niemann-Pick Typ C ist eine autosomal-rezessiv vererbte Stoffwechselkrankheit, die zu einer Ansammlung von körpereigenem Cholesterin in den verschiedensten Organen (Milz, Leber, Lunge, Knochenmark, Gehirn) führt. Man zählt sie daher auch zu den Fettspeicherkrankheiten (Lipidosen). Es liegen Defekte der Funktion von 2 Proteinen vor, dem NPC-1 und dem NPC-2 Protein. Diese regulieren den Transport von Lipiden innerhalb der Zellen des Körpers, insbesondere des Nervensystems. Durch den gestörten Transport und die Speicherung der Fettmoleküle in den Zellen kann der Körper sie nicht mehr richtig verarbeiten. Als Folge der übermäßigen Ansammlung in den Zellen wird die Zellfunktion so erheblich gestört, dass es zum Zelltod kommt. Je nach Auswirkungen auf die betroffenen Organe variieren das Krankheitsbild und der Krankheitsverlauf erheblich. Es wird meist unterschieden zwischen einer frühkindlichen, einer jugendlichen und einer erwachsenen Form. Die Krankheit zeigt sich vorwiegend durch neurologische Symptome, die in der Regel in den ersten drei Lebensjahrzehnten zum Tod führt.

Folgende Symptome können zu einer erheblichen Beeinträchtigung der Lebensqualität beitragen:

- Gelbsucht bei oder kurz nach der Geburt, vergrößerte Leber und Milz
- Blickparese (Probleme mit vertikaler Augenbewegung)
- Ataxie (unsicherer Gang, Unbeholfenheit), Schwierigkeiten bei der Gliederstellung
- Verlangsamte, undeutliche Sprache (Dysarthie), Schluckbeschwerden
- Lernschwierigkeiten und fortschreitender intellektueller Verfall
- Kataplexie (plötzlicher Verlust des Muskeltonus beim Lachen oder anderen starken Erregungen)
- Epileptische Anfälle

- Depressionen (vor allem bei Ausbruch im Jugendlichen- oder Erwachsenenalter)
- Schlafstörungen, Unruhe
- Kälte- oder Wärmeunempfindlichkeit

Niemann Pick C ist derzeit noch nicht heilbar.

Gemäß Schätzungen ist weltweit eine von 150.000 Personen von Niemann Pick C betroffen. Da die Krankheit autosomal-rezessiv vererbt wird, müssen Vater und Mutter Träger der Krankheit sein. Die Wahrscheinlichkeit, dass ein krankes Kind geboren wird, liegt bei 25 Prozent. Die Chance für ein gesundes Kind liegt demnach bei 75 Prozent, zwei Drittel der gesunden Kinder sind jedoch Träger der Krankheit. Bei der Erkrankung unterscheidet man zwei ursächlich verschiedene Typen mit unterschiedlichen Verlauf: A und B sind durch den Mangel eines Enzyms, C durch einen mangelnden Transport von körpereigenem Cholesterin bedingt. Bei Typ A und B liegt der Gendefekt auf Chromosom 11, bei Typ C gibt es zwei Varianten: Mutationen im NPC1-Gen auf Chromosom 18 oder im NPC2-Gen auf Chromosom 14.

Genießen

Noch am selben Abend fand eine »Familienkonferenz« statt. Diese war sehr tränenreich und richtungweisend zugleich! Es gab viele Momente der Stille, aber auch der Lebendigkeit, denn wir waren uns alle einig, unsere Luisa musste so lang wie möglich und so lang, wie wir es für Luisa verantworten könnten, ein Leben erfahren, welches mit höchster Qualität einherginge! Mit allem, was dazugehörte. Mit allen positiven aber auch negativen Erfahrungen, die so ein kleiner Mensch erleben kann! Aber vor allem mit ganz viel Liebe und Mut, Kraft und Energie, die uns das Leben schenkt. Denn ab hier galt es, jeden Augenblick aufzufangen, zu filtern, ihn zu betrachten, als würde er ein letztes Mal geschehen oder hoffen, dass er sich noch viele Male wiederholen werde.

Denn niemand wird uns sagen können, wann und unter welchen Umständen Luisa die ein oder andere Fähigkeit wieder verlernen wird, wann es gilt, sie aufzufangen, wenn der Rückschritt den Fortschritt ersetzen wird, wann es heißt, unser Leben neu zu sortieren. Niemand kann es sagen, niemand weiß, wann es soweit sein wird. Manchmal weiß man das auch ohne Krankheit nicht.

Es ist seit der Diagnose ein ziemlich schmaler Grat zwischen allerhöchstem Glück und Angst entstanden. Eine Angst, die immer präsent ist, sich breit macht und bei uns verbleiben wird, so meine Befürchtung! Sie zu ignorieren, gelingt schon sehr oft und gut, jedoch nicht zu jeder Zeit. Diese kurzen Momente können dann wiederum viel zerstören, was wir uns an vielen glücklichen und strahlenden Tagen aufgebaut haben! Das finden wir nicht gut, aber auch diese Zeiten gehören in dieses, unser Leben mit einer Erkrankung dieses Ausmaßes.

Das Leben auf jenem Grat lässt uns genau zwei Optionen. Nummer eins: Wir versinken in Grundtraurigkeit, erschöpfen uns auf der Suche nach dem Sinn und stoßen an unsere psychischen und physischen Grenzen. Nummer zwei: Wir laden alles Positive in unser Leben ein, alles, was Luisa und uns gut tut und erfreuen uns an dem Wunder, miteinander leben zu dürfen.

Ganz nebenbei: Wir entscheiden uns fast ausschließlich für die letztere Variante, da sie einfach gut tut und dem Ganzen einen tatsächlichen Sinn gibt!

Heilungschancen

Im Oktober 2013 trat ein Medikament in unser Leben, welches wir nicht erwarteten, da wir gar nichts an Medikamenten erwarteten, und das mittlerweile unser Wegbegleiter ist.

Neulich in der Badewanne ist mir etwas sehr Unangenehmes, dennoch wie ich finde, Menschliches passiert. Wir nehmen die Medikamente oftmals abends in der Badewanne ein. Das ist so ein Ritual geworden und Luisa spielt gut mit. Sie entdeckte ihre Kapseln und zeigte wortlos darauf. Ich erklärte kurz, dass sie sehr wichtig seien, so wie ich dies immer erkläre, wenn eine derartige Situation entsteht. Plötzlich fragte sie mich, ob ich auch Kapseln nehmen muss. Wie gedankenlos ich war, als ich ihr antwortete: »... ich brauch keine ...«, wurde mir erst Sekunden später bewusst und ich hätte mich selbst für meine Unachtsamkeit bestrafen können. Wir einigten uns darauf, dass ich heute Abend ihre Medikamente probiere. Es war ein scheußlicher Geschmack und ich bereute noch mehr, dass mir diese Worte heraus polterten, ganz ohne Bedacht.

Vielleicht kann man von außen betrachtet erahnen, was es für ein Kind bedeuten muss. Denn genau diese Momente sind es, die es Luisa bewusst werden lassen, dass hier schon wieder etwas stattfindet, was erst einmal nur sie betrifft.

Diese Momente begleiteten uns zunehmend zur Mahlzeitengabe in der Kita und natürlich auch daheim. Das Medikament, welches die Erkrankung nicht heilt, sondern das Fortschreiten verlangsamt, wird oftmals von den Patienten nicht optimal vertragen und die häufigsten Nebenwirkungen sind Durchfälle, Erbrechen und Magenschmerzen. Ich wollte Luisa dies ersparen und begann, ihre Mahlzeiten kohlenhydratarm und zuckerverzichtend zuzubereiten. Was es für ein Kind bedeutet, von heute auf morgen (fast) ohne Kohlenhydrate- und Zuckerzufuhr auszukommen, muss ich an dieser Stelle nicht betonen (Sowohl in der Phase der Medikamenteneinführung als auch in der weiterführenden Diät wird eine derartige Zurückhaltung jeglicher Lebensmittel mit hohem Kohlenhydrat- sowie Zuckeranteil empfohlen.). Ich denke, für Luisas Psyche war es die Hölle auf Erden. Das konnte sie in so kurzer Zeit nicht erfassen, was da jetzt geschah.

Für mich dagegen war es gut, denn ich konnte wieder etwas mehr »Kontrolle« über eine Sache ausüben und fühlte mich wohl mit dieser ganzen Koch- und Backgeschichte. Ich erfand die kuriosesten Rezepte und freute mich über Brötchen ohne Mehl und Gemüsesorten, die ich noch nie gehört hatte.

Nur Luisa entschied sich einmal mehr dagegen. Was in den ersten sechs Wochen gut funktionierte, hing ihr, egal, wie ich sie austrickste, in Woche sieben zu den Ohren heraus. Das Essen, welches ich ihr präsentierte, ödete sie ausgesprochen an. Sie wollte endlich wieder in ein Stück Brot beißen, das Mehl gesehen hatte beim Backen und an einem Bonbon lutschen, welches nicht nach Stevia oder Sukrin (Zuckerersatzstoffe) schmeckte. Alle Welt riet uns, die Diät zu lockern. Wir dachten, im schlimmsten Fall bekäme sie Magenschmerzen, Blähungen, Durchfall. Es hieß also, Augen zu und durch. Alles was wir ausprobierten, funktionierte, weitestgehend. Es gibt nun eine Liste, mit Dingen, die ihrem Bauch nicht gut tun. Ich achte nach wie vor streng auf die Zuckerzufuhr, allerdings schränken wir uns bei den Kohlehydraten kaum noch ein (mäßige Portionen sollten es dennoch sein). Und sonntags, ja sonntags ist unser sogenannter »Alles-Ess-Tag«. Und da nehmen wir dann auch den Durchfall in Kauf.

Im Zusammenhang mit dem Medikament fragen uns viele Menschen, ob sich schon etwas »gebessert« hätte bzw. ob schon etwas »besser« geworden wäre. Das ist interessant zu beobachten, da es immer dieselbe Fragestellung ist, da man sicher von einem Medikament erwarten könnte, dass es zur Linderung oder Heilung beiträgt.

Nun ist das in diesem Fall etwas anders gelagert und die Antwort kann nicht »ja« oder »nein« sein, sondern Luisas Medikament gehört dazu und im besten Fall geht es ihr noch viele Jahre gut damit.

Es wird schon eine ganze Weile an und mit einem neuen Wirkstoff geforscht und das ist von großer Bedeutsamkeit. Der Durchbruch wurde bislang noch nicht erzielt, aber vielleicht dauert es nicht mehr lang. Tief in mir drinnen hoffe ich, dass es nicht mehr lange dauert.

Es darf nicht mehr allzu lang auf sich warten lassen!

FORSCHUNG ist das zentrale Thema bei seltenen Erkrankungen und hat einen, wenn nicht **den** höchsten Stellenwert, um auch Luisas Erkrankung zu **stoppen**!

Es ist für Luisa und all die anderen Betroffenen ein Wettlauf gegen die Zeit, den wir bereits angetreten haben. Es ist so wichtig, dass es zu keinem Zeitpunkt einen Stillstand oder gar einen Stopp der Forschung gibt, denn sonst sind wir verloren.

Luisas unterschiedliche Therapieansätze und ihre Wirkung

Wenn ich mich mit diesem Thema beschäftige und unsere Therapien für Luisa immer wieder neu strukturiere und vor allem optimiere, tue ich es mit dem Blick einer Mutter. Denn natürlich soll Luisa nicht jeden Tag mit einer Therapieeinheit, sei sie physiotherapeutischer, ergotherapeutischer oder sonst einer Natur, konfrontiert werden, da ihr kleiner Körper und vor allem ihr Geist Zeit benötigt, um diese vielen Informationen zu verarbeiten.

Mitunter hab ich das Gefühl, wir überfordern sie, allerdings wüsste ich momentan nicht, was wir streichen sollten, denn es läuft in allen Therapien gut und Luisa besitzt die wundervolle Gabe, nicht einfach mit Worten zu sagen, »Mama und Papa, es reicht gerade, muss ich da jetzt auch noch hin?« Nein, Luisa schläft dann ganz viel und ich merke somit, dass sie etwas entlastet werden sollte. Damit fahren wir im Allgemeinen sehr gut und es hat sich vor allem ihre Ergotherapeutin sehr in ihr kleines Mädchenherz geschummelt, denn sie erfüllt Luisa jede Woche einmal ihren Herzenswunsch.

Eine ganze Stunde darf sie sich ganz allein um ein Pferd kümmern, es pflegen, reiten, ihm Liebe und Respekt zeigen, so, wie wir Luisa versuchen zu erziehen, mit Liebe und Respekt voreinander! Sie ist in dieser Zeit so wunderbar ausgeglichen, dass wir uns in den ersten Reitstunden kneifen mussten, um zu begreifen, was da in ihr vorgeht. Sie scheint zu diesen Tieren eine so innige Verbindung zu haben, dass wir uns stark wundern, wie mutig sie im Umgang mit ihnen ist. Luisa liebt Pferde, seit sie eine Vorstellung davon hat, was Pferde sind, wahnsinnig überwältigend.

Ähnlich überwältigend ist die Wirkung von Logopädie, Ergo- und Physiotherapie! Wir haben ein sehr gut funktionierendes, interdisziplinär arbeitendes Team an unserer Seite, um eventuellen Rückschritten positiv entgegenwirken zu können. Das gibt Sicherheit für den Alltag und macht stark für all das, was da vielleicht noch kommt. Zum jetzigen Zeitpunkt dürfen wir uns über so viele Dinge freuen, die da neu hinzukommen und auch bei ihr verbleiben! Das ist ein so schönes Gefühl, was unsere Herzen erwärmt und Mut mit auf den Weg gibt. Mut, weiterzumachen, Mut, zu kämpfen. Ich dachte immer, das ist ein wirklich oberflächlicher Ausspruch, aber es ist schon eine Menge Wahres daran. Ich habe das auch nie verstanden, warum es immer diese großen Schlagwörter sein müssen, aber kein Wort kann groß genug sein für den Kampf, den unser Mädchen kämpft.

Es ist nunmehr einige Zeit mit Physiotherapie und Ergotherapie vergangen und in der nachhaltigen Wirkung können wir nur Positives beobachten und wir freuen uns mit Luisa auf viele tolle Momente in den kommenden Begegnungen!

Wichtig ist, dass Luisa erlernte Fähigkeiten und Fertigkeiten in ihren Alltag transportieren kann, und das tut sie auch!

Luisa liebt es, neben ihrer großen Liebe zu den Pferden und den restlichen sportlichen Aktivitäten zu singen und sich der Musik im Allgemeinen zuzuwenden. Es ist nicht so, dass Luisa schon immer gesungen hat. Das etablierte sich, genau wie Sprache, erst ziemlich spät. Sie konnte sich lange keine Texte merken und an Melodien war nicht zu denken. Meinetwegen kann sie den ganzen Tag singen, denn immer wenn sie fertig ist, lacht sie über sich selbst und das ist wirklich sehr niedlich. Wir freuen uns über jeden neuen Eindruck, den Luisa aus den verschiedenen Ansätzen mitbringt und hoffen, dass sie den Spaß nicht verliert.

Luisa & Nala – eine Pferdefreundschaft

Ich beschrieb anfangs, dass es Zeiten der Therapieerschöpfung gibt und wir dann hin- und hergerissen sind, ob wir nicht reduzieren sollten. Dirk und ich sind uns einig, dass Fortschritt und Weiterentwicklung, in welchem Maße auch immer, mit den unterschiedlichen Angeboten für Luisa stehen und fallen, sie zu keinem Zeitpunkt jedoch überfordert sein darf. Deshalb steht nicht jedes Therapieangebot für sich allein, sondern wir achten genau auf eine fein abgestimmte, allumfassende und für Luisa leistbare Ganzheitlichkeit in der Förderung. Sie braucht Zeit, um Dinge zu verarbeiten, um die Wirkung erfahrbar werden zu lassen. Und sie braucht uns, ihre Mami und ihren Papi, die sie auffangen, wenn etwas weniger so läuft, wie es soll! Und vor allem braucht sie Spaß an der Sache, verliert sie den, ist auch jeder Fortgang der Therapie in Gefahr. So ist also unser Motto: »Stärken stärken und Kindheit (er)leben!«

Vielleicht hat unser Mädchen nur ihre Kindheit. Wir wissen es heute noch nicht.

Was wir jedoch wissen, ist, wie überaus hilfreich Menschen sein können, denen das gleiche Schicksal beschieden ist – gerade dann, wenn man mal wieder in der Sackgasse steckt und verzweifelt einen Ausweg sucht.

Zugegeben, dieses große Thema »Selbsthilfe« und »Hilfe unter Betroffenen« war und ist kein so einfaches Thema für mich und auch nicht für uns, aber je mehr Zeit vergeht, fühlt es sich immer besser an.

Zum ersten Mal kam ich mit der Niemann Pick Selbsthilfegruppe Deutschland zeitnah nach der Diagnose zusammen, denn ich war wie besessen, alles über das Medikament zu erfahren. Ich erfuhr bei der ersten Kontaktaufnahme eine Unmenge an Informationen, die sehr wertvoll waren, ohne die wir im Grunde nicht hätten starten können. Dieser Kontakt war im Nachhinein eine Art »Grundsteinlegung« für all das, was folgte. Wir erhielten alsbald die jährliche Niemann Pick Zeitschrift des Vereins, einen Ratgeber zu Ernährungsweisen und ein Infobuch über die Erkrankung. Ich legte alles beiseite und tat, als hätte es diese Post nie gegeben.

Ich wollte nicht, noch nicht.

Es wurde März/April und wir erhielten erneut Post. Diesmal war es die Einladung zum 17. Niemann Pick Treffen in Kassel. Ein so beachtliches und brillantes Zusammentreffen von Betroffenen und deren Angehörigen sowie hochkarätigen Fachärzten und Dozenten aus aller Welt, die sich mit diesem, unserem Thema auseinandersetzen. Ich war hin und hergerissen, saß derart zwischen den Stühlen, ich hielt es fast nicht aus. Dirk war relaxt, hätte die Aufwandskosten lieber heute als morgen überwiesen und somit den Verantwortlichen gezeigt: »Hey, wir kommen!« Das ist tatsächlich unvorstellbar, welch eine Gelassenheit er in diesen Momenten in sich trägt und wie er im Vorfeld wusste, dass wir das unbedingt tun müssten. Ich war dennoch keinesfalls überzeugt und wurde innerlich unruhig. Ich entschied mich, den Vorstand zu kontaktieren. Sie mussten es ja wissen, wie man Menschen Mut schenkt, sie auf diese Reise mitnimmt und sie erfahren lässt, was es heißt, eine Gemeinschaft zu sein. Und sie wussten es. Es gab E-Mail-Kontakt und ein langes, ausgezeichnetes Gespräch. Es beeindruckte mich so sehr, dass ich nach dieser guten Stunde einen klaren Entschluss fasste: »Wir fahren nach Kassel!« Noch am selben Abend überwiesen wir die Aufwandskosten.

Es war ein schöner Tag zum Verreisen. Mir war mulmig und ich war außer mir vor Aufregung. Luisa hatten wir kurzfristig ihre liebe Tante an die Seite gestellt, die sich tagsüber um sie kümmerte. Luisa malte und fragte sie Löcher in den Bauch, was sie nun anstellen würden in diesem Kassel. Warum wir dahin fahren würden, wer da sei. Es gab eine wahre Fülle dieser Fragen, welche wirklich berechtigt waren. Und wir beantworteten ganz geduldig all ihre Fragen, denn schließlich ging es einmal mehr um sie!

In Kassel angekommen, wurden wir sehr herzlich empfangen, als würden wir das dreizehnte Jahr dabei sein und gar nicht, als wären wir die »Neuen«! Die waren wir allerdings, und wie wir die waren. Auf der Heimfahrt mussten wir fast über uns selbst schmunzeln. Ich scannte in einer halben Minute alle Betroffenen ab, versuchte mir ihre Gesichter gut zu merken und war entschlossen, diese rasante Fahrt ins Nirgendwo zu starten, zusammen mit Dirk! Und die Reise führte uns erst einmal ganz schnell auf den Boden der Tatsachen. Es ist nicht mal kurz Niemann Pick Typ C, es ist mehr, es ist ein ganzes Leben.

Es folgte die Vereinssitzung, danach gab es Gelegenheit, mit den andern ins Gespräch zu kommen. Wir knüpften erste Kontakte, unterhielten uns, berichteten über unsere Diagnosefindung und unseren Alltag. Menschen, die wir zuvor noch nie gesehen hatten, wurden schnell zu guten Bekannten – fast wie auf einer guten Gartenparty. Allerdings war das Thema nicht der zu trockene Rotwein, sondern Sondenernährung, nächtliche Atemnot oder fehlende Integration in ein normales Leben.

Dass es hier jedoch alles andere als eine gute Gartenparty war, wurde mir so plötzlich bewusst, dass es mir fast den Atem nahm. Ich wusste auf einmal gar nicht mehr, wohin ich die ganzen Eindrücke schieben sollte, mein Kopf drohte zu platzen. Ich wusste nur eines: Ich musste zu meinem Kind, es drücken und ganz fest im Arm halten. Luisa war wie immer in diesen Momenten auf einmal bei uns, als spürte sie, dass wir sie brauchten. Vielleicht, um uns auf ihre Weise zu sagen, dass wir keine Angst haben müssten.

Es ging weiter mit diversen Vorträgen von Wissenschaftlern, Ärzten und Vertretern der Pharmaindustrie. Es war überwältigend, so tief in die Materie einzutauchen und es förmlich aufzusaugen, dieses Wissen, was uns teilweise noch fehlte. Wir konnten es im Moment zwar noch nicht einordnen, dafür später umso besser. Der sich anschließende Abend war sehr emotional und schwer. Eine innere Stimme riet mir, den Tag besser jetzt zu beenden und das machte ich dann auch. Bevor ich neben Luisa einschlief, gab ich ihr den längsten Kuss auf die Stirn. Und betete für sie! Das tat ich nur in ausgewählten Momenten, denn wir sind nicht gläubig.

Dirk musste noch einmal zu den anderen und ich ließ ihn ziehen. Er war sehr fasziniert, gerade von den positiven Verläufen und der daraus resultierenden Lebenskraft und Energie, welche die Menschen an ihn herantrugen. Ich wiederum fand keine Worte für die Kraft derjenigen, die sich so unerbittlich um ihre Kinder kümmern, denen es nicht mehr ganz so gut ergeht. Wenn ich an all die Leben denke, aus denen heute berichtet wurde, kann ich nur sagen: Ich habe den allergrößten Respekt vor jedem Einzelnen von uns.

Der nächste Morgen war immer noch schwer wie Blei für mich. Nur Dirk und Luisa hatten Hunger und Luisa freute sich auf daheim! Als es ans Abschied nehmen ging, fühlte ich bereits eine Verbundenheit zu den Menschen, die wir kennenlernen durften, eine Verbundenheit, die mich nicht mehr loslassen sollte, bis zum heutigen Zeitpunkt.

Ich benötigte gute drei Wochen, um alles zu verarbeiten, die Nerven kurz zu verlieren, neue Pläne zu schmieden, um zu schauen, was wir erreichen möchten. Auch zu schauen, was sinnvoll war für Luisa und was »ausrangiert« werden musste. Ja, es war wichtig, dass wir uns auf die Reise machten, denn jetzt reisten wir zusammen und nicht mehr nur allein.

Die Gefühle, die jenes Wochenende bei mir auslösten, sind schwer in Worte zu kleiden, denn sie sind nicht greifbar und doch so essenziell. Was die Gemeinschaft der Betroffenen – und nun auch wir – füreinander und miteinander auf den Weg bringen, ist beispiellos. Jeder muss seinen Platz finden und tut es auch. Wenn wir von seltenen Erkrankungen reden, sprechen wir nämlich zu 99 % von einer sehr geringen Anzahl Betroffener und deren Angehörigen. Für uns und unsere Familien ist ein solches Forum der Selbsthilfe großartig. Wir brauchen es, damit die Krankheit nicht unser Feind wird.

Es bewegt sich etwas und das Wissen darum ist das größte Gut, das ich aus diesem Treffen und der Arbeit des Selbsthilfevereins mit auf unsere Reise nehme, auf unsere Reise zu dritt!

2 Ein kostbares Jahr mit Niemann Pick Typ C

Beim Lesen des ersten Kapitels dieses Buches haben Sie uns kennengelernt und eine Vielzahl von Eindrücken über die gesamte Zeit der Diagnostik gewinnen können.

Jetzt lade ich Sie in unseren Alltag ein, in unser »seltenes«, gleichwohl »normales« Leben. Begleiten Sie Luisa ein Stück auf ihrem Lebensweg, erleben Sie ihren Umgang, aber auch ihren Kampf mit der Erkrankung. Vielleicht schauen Sie dabei auch hin und wieder auf Ihr eigenes Leben und entdecken so manchen, im täglichen Trubel verborgenen Augenblick, der durch ein wenig Aufmerksamkeit zur Kostbarkeit werden kann.

Ein ganzes Jahr versuchte ich in kleinen, abgeschlossenen Geschichten, solche Augenblicke einzufangen, die ich am liebsten für uns drei eingefroren hätte, um sie bei Bedarf wieder aufzutauen. Aber das funktioniert mit Augenblicken eben nicht so gut und so habe ich beschlossen, ihnen mit Worten einen Rahmen zu geben. Die vielen kleinen Geschichten tragen nicht zuletzt immer Luisas Handschrift, wäre ohne sie doch keine einzige entstanden!

JULI oder Wo kommen die Babys her, Mama?

Luisa: »Ich wünsche mir eine (Sch)wester…«
Mama: »Da muss ich mit Papa sprechen!«
Luisa: »Warum?«
Mama: »Papa und Mama müssen sich das gut überlegen und die Schwester dann mit ganz viel Knutschen machen!«
Luisa: »Wo kommt die her?«
Mama: »Na die kommt dann irgendwann aus meinem Bauch!«
Luisa: »Nein, die kommt aus meinem Bauch. Ich will auch einen dicken Bauch haben!«
Mama: »Das kannst du erst, wenn du eine große Frau bist!«
Luisa: »Warum?«
Mama: »Weil nur große Frauen die Babys bekommen, meistens!«
Luisa: »Oh man, Papa soll die holen!«
Mama: »Woher? Das verstehe ich nicht!«
Luisa: »Von Kaufland!«

Das letzte Puzzleteil

Es war an einem lauen Sommerabend. Vor der Kita trafen sich zwei Mütter und kamen ins Plaudern. Es ging um die sogenannte »Lebensplanung«, das heißt speziell um die »ideale« Anzahl der Kinder.

Beide waren Mütter eines erbkranken Kindes, eine davon hatte noch ein zweites, gesundes Kind. Die eine Mutter argumentierte klar gegen ein weiteres Kind, denn sie hatte Angst. Angst, das Leben, in dem sie sich zu dritt so gut es eben ging eingerichtet hatten, wieder zu verlieren. Und was wäre, wenn alles sich noch einmal wiederholen würde? Es wieder all ihre Planungen umschmeißen würde?

Die andere Mutter wollte dies nicht gelten lassen. Warum sollte es alles wieder so geschehen? Warum nicht den Mut besitzen, es auf sich zukommen zu lassen und zu gegebener Zeit Eventualitäten abwägen? Sie würde auch noch ein drittes Kind bekommen, obwohl ihr erstes so schwer krank sei. Denn das sei ihr größter Wunsch.

Wow, das war eine wahnsinnig starke Haltung, so ehrlich und so viel weiter. Da schien es, als sei die erste Mutter von dieser Erkenntnis mitgerissen. Gedankenversunken ging sie nach Hause.

So habe ich es noch nie betrachtet. Danke dafür! Warum soll denn das ganze Leben, was wir uns so wundervoll ausmalten, plötzlich »anders« sein und warum geben wir dem letzten Puzzleteil nicht auch eine Chance, um das Bild vielleicht fertigzustellen? Oder ist es vielleicht längst fertig?

In der Kita fehlen oft beim Puzzle die letzten Teile, weil sie verloren gehen oder unter Schränken »wohnen«. Erst vor Kurzem haben wir emsig gepuzzelt mit den Kindern und dann fehlte das letzte Teil. Wir waren sehr enttäuscht darüber, denn das Bild ist nicht komplett gewesen, aber es war trotzdem schön und man konnte alles erkennen.

Wir drei sollten uns ebenfalls entscheiden, ob noch ein Puzzleteil fehlt oder unser Bild komplett ist!

Wer sagt, dass es immer etwas »Fertiges« sein muss? Manche sprechen bei der Kinderanzahl auch von »Soll erfüllt«. Wenn es danach ginge, sind wir Klassenletzter! Aber ganz ehrlich? Das ist mir indessen egal, denn wenn wir bei uns bleiben und auf uns vertrauen, wird uns unsere innere Stimme sagen, ob es noch ein Teil zum Hinzufügen braucht oder ob wir genau so zusammengehören! Ich bin gespannt, was wir daraus machen.

Fast wie von selbst

Wirklich übermannt von Luisas Fähigkeit, gerade alles wie von Zauberhand selbstständig zu übernehmen, kamen mir heute am frühen Abend fast die Tränen. Ich weiß gar nicht, wie oft ich gesagt habe, wie toll ich unser Kind finde und wie stolz ich auf sie bin. Ich war eine Stunde Sport machen, kam wieder und sah ihr Fahrrad auf unserer Terrasse stehen. Es war losgelöst von der Tandemstange, die Luisas und Papas Fahrrad sonst verbindet, da wir bislang so mit ihr Fahrradfahren übten. Ich wurde alsbald mit den Worten: »Mama, schau, was ich kann mit Papa!« begrüßt und in einem nächsten Moment saß sie auf dem Rad! Und plötzlich hielt Papa nur noch ein klein wenig den Sattel fest und sie fuhr Fahrrad!

Oh das war schön, weil sie es sich zutraute und dabei Spaß hatte. Und sie war so stolz auf sich selbst. Ein wirklich beeindruckender Moment! Da überkam es mich und es war toll, fast wie von selbst. Das war so ein Moment, den ich gerne eingefroren hätte.

Zauberschöne Tage

Eigentlich sollten ja alle Tage zauberhaft und unvergesslich sein, aber sind wir mal ehrlich, so einfach ist das nicht.

Heute allerdings war so ein wunderschöner, unvergesslicher Tag für uns zwei in der Kita. Ich bin in der Kita ganz nah an ihrer Seite, habe aber nicht immer Augen und Ohren für Luisa. Das wäre unfair und wenig professionell. Allerdings nahm ich mir heute Zeit, nur für sie! Ich beobachtete sie und es war toll zu sehen, wie sie ihren Tag meisterte, so glücklich und frei. Wie ihre kleinen Augen hin und wieder Mama suchten, wie sie die Kollegen um den Finger wickelte oder neue Kontakte mit Kindern knüpfte. Wie sie aufmerksam beobachtete, wenn sich jemand verletzte oder hüpfend über den Spielplatz zum Sandkasten gelangte.

Wenn ich sie ein Stück tragen durfte und sie meinen Kopf nahm und mir einen Kuss auf den Mund gab, dann war für uns zwei die Welt in Ordnung und ich wusste, was es bedeutet zu leben. Und vor allem, was es bedeutet, für etwas zu kämpfen.

Ein ganz »normaler« AUGUST

Freundin: »Warum fährt Luisas Oma so langsam?«
Mama: »Vielleicht fährt sie ein bisschen vorsichtig, weil sie ein bisschen Angst hat beim Auto fahren…
Freundin: »Warum hat sie Angst?«
Mama: »Luisas Oma hat bei manchen Dingen ein bisschen mehr Angst als andere Omas…«
Freundin: »Wobei denn noch?«
Mama: »Na zum Beispiel, wenn Luisa eine Rutsche hochklettern möchte…Bei solchen Dingen …«
Freundin: »Aber Luisa hat doch nichts … Sie ist doch nicht krank oder so was! Sie kann doch auch alles, laufen und sprechen und so…Ist doch alles normal!«
Mama: »Das ist toll, dass du das sagst!«
Freundin (Stille): »Warum? Ist doch alles so wie bei uns, muss sie doch gar keine Angst haben!«

Sonne, Strand und Ostsee

Es war Urlaubszeit. Auch für Luisa und uns hieß es durchatmen, Kraft tanken und uns erholen. Das taten wir, schnappten uns ein Zelt und allerhand Gepäck, um das erste Mal Campen zu fahren. Was für ein Abenteuer! Das war es durchaus, denn außer unserem Papa hatte das noch niemand in unserer Familie ausprobiert und es galt, neue Pfade zu ergründen. Es klappte alles hervorragend und unsere Luisa war das tollste Kind auf Erden bzw. beim Campen! Es sah tatsächlich so aus, als ob sie das schon immer machen würde, und es gab keinerlei »Dramen« beim Duschen oder beim Schlafen im Zelt, alles kein Problem **für Luisa! Wir waren sehr überrascht von ihr, welche Leichtigkeit sie bei sich trug und ganz selbstständig plötzlich Dinge erledigte.** Auch wie sie auf fremde Menschen zuging, war eine ganz neue Erfahrung für uns und machte uns in so einigen Momenten sprachlos und irgendwie stolz. Positiv sprachlos, mit einem dicken Grinsen im Gesicht.

Wir hatten fünf Tage ausgezeichnetes Wetter und trafen Freunde an der See, verbrachten viel Zeit mit genießen, faulenzen und baden. Luisa buddelte ausdauernd im Sand und lief am vorletzten Tag ganz allein zum Wasser hin und zurück. Es war einfach toll, sie so glücklich und entspannt zu erleben, ohne jeglichen Terminstress, einfach Urlaub eben! Und weil das so gut klappte, dachten wir uns, müssten wir im nächsten Monat erneut in den Urlaub. Das nächste Abenteuer wartete auf uns. Dann würden wir aber das Flugzeug nehmen, ohne Zelt.

Manchmal denke ich, Dinge geschehen rein zufällig, ohne Plan. Dann wiederum denke ich, alles hat seine Bestimmung.

Ein Zelt neben uns lernten wir eine nette Familie kennen. Sie war Physiotherapeutin für Kinder und therapiert nach Bobath (Luisas physiotherapeutischer Ansatz). Das war eine tolle Begegnung und so kamen wir ins Gespräch. Sie mochte Luisa und fand, dass sie sich durchaus gut bewegt. Das tat gut zu hören.

Bad Days und der Glaube an Nichts … Oder doch?

Ich beschrieb anfänglich, dass wir ziemlich positiv denken und versuchen, aus jedem Tag das Beste herauszuholen und dass es oftmals so herum einfacher ist, alles etwas leichter erscheint. Hand aufs Herz, es gibt Tage, die könnte man vom Kalender entfernen und nie wieder erwähnen. So ein Tag kam auf uns zu, mit voller Geschwindigkeit. Er ließ sich eigentlich gar nicht so schlecht an: Luisa und ich frühstückten wie so oft daheim, zogen uns an und fuhren in die Kita. Tag zwei für Luisa nach drei Wochen Kitapause.

Irgendwie schien sie überfordert. Es ging heute einmal mehr etwas daneben und ich wurde nervös. Warum nässte sie beim Spielen im Park ein und warum nicht daheim? Warum tagsüber und beim Schlafen nicht? Ich fragte sie Löcher in den Bauch, ob sie sich vorstellen könnte, warum das passierte und sie antwortete nur ganz entspannt: »Mama, passiert! Ist doch nicht schlimm!«

Ja, natürlich »passierte es«. Aber durfte es denn passieren? Sollte das etwa heißen, jetzt war es so weit? Die Krankheit meldete sich? Ich wurde so nervös, dass ich Dirk mit Luisa gleich zum Kinderarzt schickte, um sie durchzuchecken. Im Nachhinein wirklich nicht zu glauben, meine Panik!

Später sagte ich mir, vielleicht musste Luisa sich einfach wieder an den Alltag gewöhnen und die veränderten Umstände – neue Kids in der Gruppe – für sich einordnen und zurechtrücken. Oder es war gar in den besagten Momenten, in denen es drückte, jedes Mal gerade niemand in der Nähe, der mit ihr auf die Toilette flitzen konnte.

Denn machte sie nicht gerade in vielen anderen Bereichen des Alltags so große Fortschritte, antwortete sie uns nicht klar und verständlich und in adäquater Weise in Nebensätzen? Lernte sie nicht gerade, sich scheinbar von uns abzukapseln und war sie nicht selbstbestimmter denn je?

Also konzentrierte ich mich darauf, solche Momente einfangen zu können, stolz auf mein Kind zu sein – und nebenbei ein bisschen weiter zu »trainieren«.

Diesem Tag wollte ich daher aus ganzem Herzen die kalte Schulter zeigen und signalisieren, dass es Tage wie diesen nicht ganz sooft geben müsste.

Freunde

Das ist ein Thema, welches mich in einem Übermaß »bedrängt«. Eigentlich ist es doch ganz schnell auf den Punkt gebracht. Es gibt Menschen, die haben eine Unmenge von »Freunden« und wissen womöglich noch nicht einmal, was jeder Einzelne für sie bedeutet und welchen Wert er hat. Und es gibt Menschen, die haben nicht ganz so viele »Freunde«, allerdings kennen sie sie in und auswendig und es entstehen »Lebensfreundschaften«. Ich mag es,

Menschen zu begegnen, die eine »Geschichte« mitbringen. Die muss nicht abendfüllend sein oder ungelöste Tatortfälle beinhalten, nein, sie sollte einfach zu ihnen passen.

Diese Menschen sind sehr wertvoll für mich und unsere seltene Situation, weil diese Menschen, die unsere Freunde sind, einen klaren Auftrag von uns erhalten, sich uns und der Situation zu stellen. Das bedeutet für mich in erster Linie ehrlich und aufrichtig zu sein, andererseits so viel Mut zu besitzen, uns nach all den Dingen zu befragen, die ihnen vielleicht nicht eindeutig erscheinen. Es gelingt nicht jeden Tag zu gleichen Teilen, aber das muss es auch nicht, denn wäre alles »perfekt«, würden uns wahrscheinlich auch »perfekte« Freunde begleiten. Aber wir finden die mit den Ecken und Kanten am besten, weil sie dadurch so liebenswert werden. Niemand ist vollkommen, auch wenn man es manchmal vielleicht annimmt. Deshalb würden wir gern allen sagen, die unser Leben so freundschaftlich bereichern, dass Ihr auf jeden Fall Grenzen haben dürft und sollt, genauso, wie wir sie haben und nicht jeden Tag über NPC sprechen wollen. Es ist sogar sehr hilfreich, sich auch anderen Themen zu widmen, da sie ungemein gut ablenken und wir somit in und an eurem Leben teilhaben dürfen.

Eine Freundschaft kann auch mal kurz pausieren oder sich ganz und gar verlieren, keine Frage. Letzteres ist immer sehr schade, denn es muss schon gewaltig was in die Hose gehen, dass so etwas passiert. Eine »Freundschaftspause« hingegen kann das Ganze in neue Bahnen lenken und erkennen lassen, dass man den anderen sehr vermisst, der gemeinsame Zug jedoch in zwei verschiedene Richtungen fuhr.

Allerdings sollte es nie zu spät sein, über seinen Schatten zu springen, um ein gemeinsames Ticket zu lösen, um zwei ganz besondere Plätze zu reservieren und vielleicht wieder ein gemeinsames Ziel anzusteuern.

SEPTEMBER oder von Hemden und Schlüpfern

Papa: »Luischen, sag doch mal Helene ...!«
Luisa (grinsend): »Elene ...!«
Papa: »Ok, dann sag doch mal Hollywood!«
Luisa: »Ollywood ...!«
Papa: »Ok, dann jetzt bitte mal Hemd!«
Luisa (grinsend): »... und Schlüpfer!«

Mut, Enttäuschungen und Wahrheiten

Heute ist Montag. Ein Montag nach einem fantastischen Wochenende. In der Stadt wurde, wie jedes Jahr, das große Kaiser–Otto–Fest begangen und wie jedes Jahr waren wir dabei. Mit dem kleinen Unterschied, in diesem Jahr eine Luisa zwischen uns laufen zu sehen, welche aufmerksam die Ritter und Gaukler beobachtete, sich das mittelalterliche Fassgebräu schmecken ließ, im Gras den Klängen der Spielleute lauschte und Pfeil und Bogen in die Hand nahm. Sie genoss in allen Zügen diesen atemberaubenden Tag und wir waren wieder einmal mehr von unserem großen Mädchen begeistert, welches scheinbar die Welt für sich entdeckte, mit allem, was dazugehört.

Die Kita ist an diesem Montag wieder Mittelpunkt des Tages und auch hier haben wir uns wieder eingespielt. Luisas Kitagruppe verändert sich momentan sehr stark und ich hoffe und glaube fest daran, dass die Menschen in ihr den Mut haben, diese Herausforderungen anzunehmen. Das Zusammenleben untereinander, das Füreinander-da-Sein, das gegenseitige Auffangen, die Rücksichtnahme, die Freude über die Andersartigkeit, den Blick für den Moment – all das und noch so vieles mehr hilft oft über Enttäuschungen hinweg, die natürlich im Weg liegen und die aufgehoben und hinter sich gelegt werden wollen. Enttäuschungen, die uns immer wieder auch nachdenklich machen, ob unser Handeln »richtig« war, ob es Alternativen gegeben hätte? Sicher, es gibt schier immer Alternativen, nur entscheiden wir uns in diesem Augenblick für die eine, unsere Wahrheit, von der wir annehmen, das »Richtige« in diesem Moment zu tun.

Und das ist in meinen Augen auch genau das, was uns in der Arbeit mit den uns anvertrauten Kindern und unseren eigenen ausmacht. Die Courage zu besitzen, den Lebenswahrheiten entschlossen zu begegnen, die Rückschläge aufzugreifen, um sie umzuwandeln in Wahrheiten, mit denen die Kinder und auch wir gut leben können. Einmal mehr spiegelt sich die Achtung vor dem Leben wider und vor sich selbst! Aber Ehrlichkeit, die wird belohnt, denn hinter jeder noch so gewaltigen Herausforderung steckt irgendwann ein zufriedenes Lächeln und das allein zählt.

Krisen

Krisen gehören zum Leben dazu, zu jedem Leben! Denn ein Leben so ganz ohne Krisen wäre ziemlich fade, zumal sie einem den Weg weisen. Sie tun das immer, egal welche Richtung man nach einer »abgeschlossenen« Krise einschlägt. Es wäre wirklich unehrlich zu sagen, dass ein Leben wie das unsere nicht von Krisen durchzogen sei. Manchmal kommen und gehen sie schnell, in Windeseile, manchmal möchten sie ein wenig bei uns bleiben, um uns zu sagen, »Hey, das ist noch keine wirkliche Bedrohung!« Manchmal beißen sie sich fest und man will, dass sie einfach wieder weggehen.

Aber so einfach gehen sie dann nicht von einem und man beginnt, Strategien zu entwickeln, um sie los zu werden. Dieser Zustand darf nicht ganz so lange in uns verharren, denn die Spirale dreht und dreht und dreht sich. Manches Mal ist wenig Licht am Horizont und dann plötzlich öffnet sich doch eine Tür, die uns eintreten lässt, um uns den Weg zu zeigen. Den Weg zurück in unsere kleine Welt, die Familie heißt und wo wir das sind, was wir sein möchten. Einfach nur glücklich! Wenn auch nur ganz alleine, für uns.

MAINZ

Mainz hat ein wirklich atemberaubendes Rheinufer zum Flitzen und Schiffe bestaunen. Mainz ist außerdem eine Stadt voller Einbahnstraßen, einem anmutigen Dom und einer Menge unterschiedlicher Baustile. Für uns hieß es zum ersten Mal »Herzlich Willkommen in Mainz!« Hier befindet sich ein renommiertes Zentrum für seltene Erkrankungen, speziell Stoffwechselerkrankungen wie Niemann Pick C. Schon im Vorfeld waren wir beeindruckt!

Am Sonntag fuhren wir, da uns gerade eine Minikrise begleitete, etwas eisig im Herzen los und erreichten nach einer endlos scheinenden Autofahrt die Stadt Mainz. Unser Hotel, welches ganz nah an der Klinik lag, war schön angelegt. Luisa liebt Hotels. Sie probierte als erstes die Betten aus, ob man auf ihnen gut hüpfen konnte und durchstöberte die Minibar. Ich sortierte unsere Sachen etwas und versuchte, Luisa die Chips der Minibar auszureden. Dirk studierte den Stadtplan. Nach einer kurzen Weile entschlossen wir uns, ans Rheinufer zu fahren, um Eis, Spielplatz und spazieren gehen zu genießen. Es war tatsächlich genau diese Reihenfolge. Ich zählte die vielen Jogger um anzukommen und Luisa und Dirk spielten fangen. Die Sonne kitzelte unsere Nasenspitzen und wir erfreuten uns am Rhein und den riesig erscheinenden Flugzeugen, die über uns zu ihrem Landeanflug ansetzten.

Luisa staunte. Wir taten dies auch ein bisschen und waren aufgeregt, sehr sogar. Immer wieder dieselben Fragen, nach Richtigkeit und Nutzen, Aufwand und Belastbarkeit dieser Reise. Wir aßen noch in einem netten Restaurant und fielen sogleich erschöpft ins Bett. Die Nacht verging viel zu schnell und jeder von uns sah am nächsten Morgen etwas zerknittert aus. Luisa konnte seit 5.30 Uhr nicht mehr schlafen. Sie fing an, ihrer Puppe das Hotelzimmer zu zeigen, scherzte mit dem schlafenden Papa, schaltete den Fernseher ein und tanzte! Das konnte ja nur noch besser werden!

Wir gingen zum Frühstück und ich aß: NICHTS! Der Geruch von Wurst und Käse widerte mich an, lediglich die süßen Dinge wären an diesem Morgen infrage gekommen. Für Luisa und

Dirk stand das Prinzip fest: Essen, soviel und so oft sie konnten! Wir verließen das Hotel und Luisa begann, Blätter für die Kita zu sammeln. Ich hätte aufschreien können vor Aufregung, allerdings kamen plötzlich und ziemlich unerwartet drei ganz liebe Menschen um die Ecke und wandelten meine Aufregung in pure Freude um. Eine der sympathischsten Familien, welche wir auf dem Jahrestreffen in Kassel kennen lernen durften, kreuzte unseren Weg. Ein Stückchen Vertrautheit, gleich sein, sich dufte finden, all das stand plötzlich vor uns. Das war so schön und beruhigend, sie dort anzutreffen. Manchmal brauchte es diese fabelhaften Zufälle im Leben, um die Dinge, die einem gerade noch unbequem erschienen, in ein beruhigendes »bequem« umzuwandeln. Wir meldeten uns an und warteten eine kleine Weile. Darüber hinaus hatten wir nun alle Hände voll zu tun, uns über unsere privaten Neuigkeiten auszutauschen. Bald begrüßte uns unsere Ärztin und da wir uns aus E-Mails kannten, fiel es uns nicht schwer, sie zu mögen.

Die nächsten zwei Stunden trennten wir uns. Luisa und Dirk erledigten den Sonografietermin, ich unterhielt mich mit der Ärztin und beschrieb unseren Weg bis hierher. Sehr detailliert, sehr umfassend und vor allem sehr emotional, wie ich später selbst reflektierte. Sie störte sich in keiner Minute daran und das tat sehr gut. Sie war wirklich bei uns, als ob sie der Himmel schickte. Das war schon ein anderes Gefühl, auch für uns. Wir gingen auch kritisch ins Gespräch und es stellte sich bald heraus, dass Luisa mit ihrer Medikation falsch eingestellt war. Es wäre ja alles nicht so dramatisch, wenn eine falsche Einstellung nicht andere Dinge hervorrufen würden, zum Beispiel Epilepsien. Auch hätte man jetzt schon ein Jahr wissen können, wie ihr Magen-Darm-Trakt mit der für sie notwendigen Dosis reagieren würde.

Oh, wie wütend ich wurde, kann sich ja jeder denken und Dirk war auch ziemlich entsetzt, denn wir steigerten von 100 mg auf 400 mg pro Tag. Diese Erkenntnis war wirklich nicht schön und an dieser Stelle verlor ich das Vertrauen von Minute zu Minute in die derzeit behandelnde Klinik. Sicher leisteten sie gute Arbeit bis hierher und die Diagnose haben zweifelsohne sie gestellt, allerdings darf doch so ein gravierender »Fehler« nicht passieren! Luisa nahm seit einem Jahr 100 mg! Ich hatte schon ganz oft zu Dirk gesagt, wir sollten nachfragen, ob die Einstellung richtig verliefe, denn andere Kinder in Luisas Alter nahmen schon eine viel höhere Dosis. Wieder einmal behielten wir recht und wieder einmal hätten wir noch hartnäckiger sein sollen, aber wir sind es jetzt wieder ein Stückchen mehr.

Es folgte noch eine umfassende Augenuntersuchung und die Untersuchung durch die Ärztin selbst. Wir erfuhren zu unserer Beruhigung, dass wir richtig entschieden hatten, die von einer Augenklinik empfohlene Abklebung der Augen nicht weiter fortzuführen, denn diese sei völlig überflüssig gewesen. Luisa wehrte sich nämlich damals mit Händen und Füßen gegen die verordneten Pflaster, bis ich nach einer Woche aufgab und Dirk bat, alle Pflastervorräte in den Müll zu schmeißen.

Dann wurden wir tatsächlich nicht umfassend genetisch beraten, was uns auch sehr belastete im Nachhinein. Es gab noch die ein oder andere kleine Nebengeschichte, die allerdings jetzt den Rahmen sprengen würde. In der Summe der Erkenntnisse war es für uns drei ein sehr anstrengender, aber ergebnisreicher Tag mit vielen positiven, jedoch auch negativen Feststellungen, die es gilt zu filtern und zu sortieren, um sie für uns gebrauchsfähig zu machen.

Luisa aß noch schnell eine Bratwurst und wir besuchten den Spielzeugladen. Sie suchte sich das für sie schönste Einhorn aus und aß eine große Kugel Joghurteis. Sie hätte auch drei essen können, denn ich koche wieder, alles auf Anfang, mit 400 mg hab ich zu diesem Medikament plötzlich ein anderes Verhältnis und erst einmal schauen, was es so anstellt. Vielleicht haben wir Glück, ein klein wenig Glück auf diesem holprigen Weg. Glück haben Menschen, die bei *sich* sind und dann aber auch schnell schauen, was der Rest der Welt macht. Glücklich wollen wir sein, erst recht nach diesem Tag, soviel wurde wieder einmal klar. Wir gehören zusammen, niemals voneinander getrennt und wir fuhren nach Hause mit wärmeren Herzen und einem tollen Kind, welches Tapferkeit und Mut bewies. Unser Kind, welches Stolz in sich trägt, stolz, so zu sein, wie es ist!

Wir sind wieder reicher an Erfahrung und wissen, dass man nie alles wissen kann.

»Hüpf doch mal auf einem Bein!«

Seit der letzten Vorsorgeuntersuchung war mein »Weltbild« etwas geknickt. Umso mehr legte ich heute in die bevorstehende U-Untersuchung allergrößte Positivität und wollte gar nicht stänkern, streiten oder diskutieren. Ich hoffte, dass es dann schließlich unter »Meinungsverschiedenheiten« aufgefasst worden war, aber wissen tat ich‹s nicht. Nun aber der Reihe nach.

Nachdem wir gerade erst diesen Klinikmarathon in Mainz hinter uns gebracht hatten, stand bedauerlicherweise kurz darauf schon die nächste Untersuchung an, welche sich auch gut anließ. Luisa war gut gelaunt, hatte den Tag bei ihrer Oma begonnen und sehr genossen. Die Sprechstundenassistentin war sehr freundlich und zuvorkommend, wir sparten uns Augen- und Hörtest, da dies ja bereits zuvor erledigt wurde. Luisa erzählte von ihren Kaninchen, malte ein Bild ganz in ihrer Art und Weise und sprang, so hoch sie konnte, natürlich auf zwei Beinen! Wie denn auch auf einem Bein? Es gibt Dinge, die müssen Ärzte scheinbar abarbeiten und so geschah es dann auch.

Wir berichteten von unserem ergebnisreichen Besuch in Mainz und dass wir jetzt den Eindruck hätten, angekommen zu sein, dass wir dort verstanden würden und wir einfach ein gutes Gefühl hätten. Ich berichtete weiterhin von unserem Alltag und welche Barrieren es geben würde aus unserer Sicht und da kam eine erste Empfindung des Unwohlseins in mir hoch.

Der Kinderarzt passierte plötzlich nicht alle Brücken mit uns und nachdem eine hitzige Debatte entbrannte über Entwicklungsdiagnostiken, Sozialpädiatrische Zentren (SPZ) und Krankenkassen, war ich wieder in diesem Strudel, der mir heute eine ganz neue Seite an mir zeigte! Vor einem Jahr noch wäre ich zusammengezuckt, hätte brav Termine im SPZ vereinbart und wäre sofort mit dem Arzt einer Meinung gewesen. Heute war alles anders. Es sollte jedermann seine Meinung haben, es wäre ganz schlimm, wenn es anders wäre, nur muss man uns unsere, in unserer Lebenslage, auch lassen und genau das sagte ich ihm! Ich sagte ihm, dass nicht er es entscheide, was Luisa gut tue und weiterbringe und nicht er ihren Rucksack trüge, sondern dass wir das zu dritt entscheiden würden und wenn es uns gefalle, dann würden wir es zulassen und wenn wir dächten, es müsse noch reifen, dann müsse es noch reifen!

Dirk meinte danach zu mir, warum ich ihm hätte erklären wollen, wie unser Leben funktioniere? Eine wirklich sehr gute Frage, wie ich fand. Ja, warum wollte ich es ihm erklären? Weil ich dachte, er würde es nachvollziehen können oder sogar verstehen? Ja, ich dachte das, ich dachte dies in ihm erreichen zu können – Verständnis. Oder vielmehr ein Stück weit Anerkennung für uns Eltern als Spezialisten unseres Kindes, denn in dem Fall haben Eltern manches Mal mehr oder mindestens genauso viel an Wissen und Erfahrung wie die Mediziner und Therapeuten. Dafür muss einfach ein Verständnis entwickelt werden.

Aber, so sehr ich mir auch Mühe gab, ich scheiterte. War es meine Wortwahl oder seine fehlende Fähigkeit, sich in unser Leben hineinzuversetzen: Ich konnte ihm einfach nicht vermitteln, dass eine ausführliche Entwicklungsdiagnostik momentan nicht an ersten Stelle steht. Weil wir nämlich ganz genau wussten, was unsere Luisa konnte oder was sie noch nicht konnte oder noch nie so richtig gut konnte. Uns hätte eine einfache Feststellung der Entwicklungsdefizite gelangt, damit Therapien und Behandlungen auch weiterhin so gut laufen, wie sie es taten. Warum also der ganze Aufwand, wieso sollte das für uns so wichtig sein? Wie wir dies zu einem späteren Zeitpunkt, an dem die Krankheit fortgeschrittener ist, einschätzen müssen, kann ich heute nicht sagen.

Stichwort Lebensqualität! So wenig wie nötig Stress und so viel wie möglich Spaß!

Ich könnte mir diesen Satz auf ein T–Shirt drucken und so zur nächsten U-Untersuchung gehen!!! Das finde ich, ist ein ganz hervorragender Plan! Luisa bekam ihre Impfung und wir verabschiedeten uns freundlich. An dieser Stelle möchte ich betonen, dass er ein toller Arzt ist, auch wenn wir heute meinungsdivergent waren.

Immer wieder sind es diese Barrieren in den Köpfen mancher Menschen, ja sogar vieler Experten, die unsere Welt erschüttern. Dies müsste nicht sein und ich finde das sehr schade. Auf der Heimfahrt hinterfragte ich sehr kritisch meine Handlungs- und Denkweise. Hatte ich überreagiert? Ich kam zu dem Schluss: nein! Es handelte sich nun mal nicht um einen banalen Infekt oder einen Hautausschlag, sondern es ging um das Leben unserer Tochter! Wir wussten, was es heißt, mit einem besonderen Kind zusammenzuleben, wir kannten die Praxis. Und die ist eben oft anders als die Theorie. Daher würde ich immer wieder meine – unsere Sicht der Dinge vorbringen, ob es bei meinem Gegenüber ankommt oder nicht. Den Versuch ist es wert!

Jede Menge Urlaubsfeeling

Mallorca. So nannte ich heute den neuen Ordner, um unsere Bilder zu sortieren. Mallorca war der erste Urlaub mit Luisa, der nicht in Deutschland und demzufolge nicht an der Ostsee stattfand. Mallorca war der erste »richtige« Urlaub, den wir im Ausland verbrachten. Und wir hoffen, dass wir noch viele Male so eine tolle Zeit mit unserer Tochter in fremden, fernen Ländern erleben dürfen. Mallorca braucht nicht viele Worte, wenn man sich die Fotos dazu anschaut, denn ich möchte behaupten, es war die erste richtig entspannte Auszeit, in der NPC mal keine derartig große Rolle spielte. Es kannte uns niemand und es fragte niemand nach. Vielleicht wunderte sich der ein oder andere, aber wir ließen nichts an uns heran und haben die Zeit auf der Insel sehr genossen. Wir haben unsere Tage spontan gestaltet, in den Tag hineingelebt, das Meer und die Stunden am Strand auf uns wirken lassen und den Augenblick geträumt. Kurz – wir haben einfach den Alltag hinter uns gelassen, die Seele aufgetankt und bei mediterranem Inselklima alles getan, wonach uns zumute war. Wir erfüllten Luisa jeden Wunsch, verwöhnten sie und erfreuten uns an ihrem Lachen.

Glücklich sein

Mallorca hieß für uns ein gutes Hotel in einem niedlichen kleinen Ort an der nördlichen Küste mit überwiegend französischen Gästen. Ich mag diese Franzosen sehr, sie haben die tollste Sprache der Welt, so elegant und anmutig, nur allein ihre Sprache. Dann gab es täglich mediterrane 27 Grad und türkisblaues Wasser, in dem man seine Füße sehen konnte. Wir haben viele kleine Orte bereist, mit dem Auto, dem Bus, dem Taxi, der Pferdekutsche. Viele Häfen besichtigt, viele Restaurants getestet, ich bin viel gelaufen. In unserem kleinen Ort und auf ganz Mallorca fand am Samstag sogar der »Iron Man« Mallorca statt, zu welchem ich mich trotz vieler sportlicher Aktivitäten nicht imstande sah, ich in ihm jedoch eine Botschaft. Es waren einfach gesagt mal ganz andere Dinge an der Reihe als daheim. Und das war gut so, denn mit etwas mehr Abstand sieht man Dinge wieder deutlicher, geht anders auf sie zu und mit ihnen um. Es kann sich wieder ein

Gefühl für die wirklich wichtigen Dinge einstellen, der Moment erhält seine Chance zurück, ein wertvoller zu werden. Eine bezaubernde Urlaubswoche ging zu Ende und mit ganz viel Sonne im Herzen und ein bisschen weißem Sand hinter den Ohren verließen wir die Insel und werden sicher noch einmal zurückkehren, selbstverständlich mit dem Flugzeug, denn das ist Luisas neues Lieblingsfortbewegungsmittel.

Der OKTOBER und die Frauen

Papa: »Du, Luischen, ich bade heute mit dir!«
Luisa: »Nein Papa, heute baden nur die Frauen! Du kannst später baden!«

Glück und dessen Berechnung

Als wir mit Freunden über das verlängerte Wochenende in die Ferien fuhren, freuten wir uns alle riesig. Luisa ganz besonders, da die kleine Reise schon lang geplant war und sie sich sehr auf die beiden Kinder unserer Freunde freute! Luisa würde das kleine Mädchen gern für sich haben, als kleine Schwester. Sie hatte uns davor auch mächtig in die Mangel genommen, dass wir allesamt auf die Kleine aufpassen müssten und da sie ja die Kleinste wäre, passe Luisa ganz besonders gut auf sie auf. Es waren drei wirklich zauberhafte Tage, die uns allen viele lachende Momente verschafften und abends, nachdem wir die Kinder ins Bett gebracht hatten, durch die mitgebrachten Gesellschaftsspiele sogar noch amüsanter wurden. Normalerweise spielten wir in dieser Runde Rommé. Es kam jedoch zuvor zu einem Würfelspiel. Nun ist es ja keine neue Erkenntnis, dass Würfelspiele nahezu 100% aus »Glück haben« bestehen und somit eine andere Instanz den Ausgang eines Spiels entscheidet. Allerdings strebt der Mensch, höchstwahrscheinlich zu oft, nach Erklärungen. Ich war ziemlich gut im Würfeln und hatte oft sehr hohe Punktzahlen. Das konnten sich die anderen nicht erklären. Man nahm es so hin und der zweite Würfelabend näherte sich. An Rommé war nicht zu denken, dafür würfelten am zweiten Abend alle bereits wie besessen. Ich brillierte mit meinen Würfelaugen und so allmählich stellte sich Neid ein bei dem Rest der Gruppe. Man analysierte, hinterfragte und stellte fest, dass es das pure Glück sei, was mich an diesen zwei Abenden verfolgte. Und man konnte das Glück auch nicht berechnen, denn es ist ja wissenschaftlich belegt, dass man das nicht kann!

Glück und glücklich sein strahlt man aus. Ein Mensch, der nicht bei sich ist und nicht glücklich, zu dem wird das Glück auch nicht kommen. Das Leben allein ist schon ziemlich viel Glück, finde ich. Das Leben mit anderen Menschen genießen zu dürfen, es erleben zu können und mit anderen Menschen glücklich sein zu dürfen, weil man das Gefühl hat, man erreicht sich gegenseitig, ist das höchste Glück.

Es ist seit dem Tag der Diagnoseverkündung eine gewisse Zeit verstrichen, in der spürbar viel geschehen ist. In dem sich trotz dieser furchtbaren Diagnose eine so tolle Zeit mit so viel bewussten, glücklichen und sinnvollen Augenblicken anschloss, auf die wir stolz sind und in erster Linie haben wir dies Luisa zu verdanken! Sie lässt uns mit ihrer kecken Art, die sie mittlerweile hat, aufleben, nicht an die vermeintlich düsteren Tage denken, die da noch kommen werden. Sie lässt uns teilhaben an und in ihrer Welt, eine Welt, die für sie zum jetzigen Zeitpunkt nicht besser sein könnte. Luisa liebt es zu leben, sie kämpft und sie ist eine so hübsche kleine Dame geworden, dass Dirk aus Spaß manchmal sagt, dass er das Gefühl hat, sie sei gar nicht krank. Dann denke ich, dass es unser Glück ist, dieses Bewusstsein für Sekunden entwickeln zu dürfen, über Dinge nachzudenken, worüber manch anderer nicht einmal in Ansätzen nachdenken würde. Dass dadurch unser Denkspektrum um so viel mehr erweitert wird und Sichtweisen immer wieder geprüft werden. Dass wir sehr viel näher an unserer »TO-DO-Liste des Lebens« sind und Dinge nicht mehr aufschieben, sie einfach tun. Vor allem aber nicht nur Dinge, die Luisa betreffen, auch Dinge oder Worte, die in erster Linie uns gut tun, machen und sagen, uns aber auch von Dingen oder Menschen lösen, die uns wiederum nicht so gut tun.

Die Fähigkeit, dieses Glück zu erkennen und es bewusst zu leben, verdanken wir tatsächlich Luisa, weil sie als vorbildliches Beispiel vorangeht.

Wie aus einem Tagtraum das Unmögliche entstand

Ich glaube, man sagt ›the day after‹ nach so gigantischen Ereignissen, wie es nun endlich vergangenes Wochenende so weit war. Es war Marathontag, es war Halbmarathontag, aber es war soweit. Mein Tag X war gekommen und ich außer mir vor Aufregung. Die ganze letzte Woche bekam ich täglich lediglich einen Joghurt mit Obst hinunter und dachte, es könne ja nicht schaden, das ein oder andere Gramm am Tag X nicht dabei zu haben. Reden war auch nur noch bedingt möglich, die Konzentration auf den Moment des Laufs konnte gar nicht magischer sein. Luisa war mittendrin und nicht nur an diesem Tag, zusammen mit vielen Freunden und natürlich mit Dirk, mein größter Fan! Als Luisa aufwachte, trällerte sie bis zu meiner Abfahrt: ›Heute ist Marathon‹, ›Mama läuft heute Marathon.‹

Und wie recht sie hatte, obwohl ich wirklich nicht sicher war, ob ich mir das damals, vor gut einem Jahr, auch richtig überlegt hatte. Zweifel machten sich breit, die ich jedoch schnell verjagte. Es gelang und ich dachte mir, Augen zu und durch. Jetzt zeig ich‹s mir und meinem inneren Schweinehund und natürlich wollte ich die gesamte Mannschaft, die da vor und hinter den Kulissen ein ganzes Jahr meine Launen aushalten musste, nicht enttäuschen. Meine Launen bei schlechtem Wetter, meine Launen bei zu gutem Wetter, meine Launen bei zu wenigen Kilometern, meine Launen bei zu vielen Kilometern. Ich könnte die Liste ewig erweitern und es würde nicht ansatzweise das widerspiegeln, was sich auf dem Weg zu einem solchen Ziel abspielt! DANKE an all jene, die mich so lange unterstützten und ganz oft zuhörten, wo welcher Kilometer Probleme bereiten könnte, obwohl sie es nicht mehr hören konnten und wollten.

Es ist schon wirklich bemerkenswert, zu welchen Kräften ein Körper in der Lage ist, wenn man ein Ziel vor Augen hat. Bis Kilometer 13 ging es hervorragend voran. Ab Kilometer 14 bis 18,5 war Biss nötig, um es zu bewältigen und bei Kilometer 19 war ich wirklich erschöpft. Dennoch, mit meinem Lieblingsspruch auf einem Plakat an der Strecke: ›Umdrehen wäre jetzt auch irgendwie blöd‹ zog ich‹s durch, bis zum bitteren Ende. Ich war ziemlich stolz auf mich und meine Leistung, nach fast 22 Kilometern ins Ziel zu laufen, ohne zu schummeln! Das gab kein Training zuvor her. Das machte mich persönlich sehr zufrieden. Zeiten waren wie immer relativ.

Das Größte an diesem Tag war jedoch der Moment, als ich Luisa kurz nach Zieleinlauf in die Arme nahm und sie mich anschaute und ich ihr meine Medaille um den Hals legte. Da wusste ich einmal mehr, für was es sich die ganzen Monate gelohnt hatte. Jeder einzelne Kilometer bekam einen Sinn in diesen fünf Sekunden. Um unser Mädchen so glücklich zu sehen, würde ich womöglich noch viel weiter laufen.

Zugegeben, einen Tag danach ging es meinen Knochen nicht ganz so gut und ich hatte das Gefühl, ich müsste irgendwie geölt werden, wie ein altes rostiges Auto geölt werden muss. Allerdings erinnert mich jeder schmerzliche Knochen und Muskel an dieses ungeheure Gefühl, etwas scheinbar Unmögliches wahr werden gelassen zu haben.

Man braucht den Glauben, den Glauben daran, etwas Unmögliches geschehen lassen zu können und Visionen, die braucht der Mensch ebenfalls. Ein bisschen träumen ist erlaubt, aber einen großen Traum zu verschlafen, wäre weniger gut, denn es lohnt sich, über seine Grenzen hinaus zu gehen. Hauptsache, man bleibt in Bewegung, ohne sie, bleibt man stehen!

NOVEMBER oder viel Theater um Nichts

Luisa liebt es, zu puppen ... Luisa würde auch gern eine eigene Mami sein ... Luisa beim Spielen mit den Puppen ...
Luisa: »Mami, ich muss die Puppi erst mal beruhigen ...«
Mama: »Warum denn?«
Luisa: »Die macht hier immer so viel Theater ...!«

Die Liebe meines Lebens

Neulich unterhielt ich mich mit einer Freundin über dies und das und dann ging es plötzlich um unser beider Töchter und welch tolle Geschöpfe Kinder eigentlich sind und wir kamen darauf, dass sie die Liebe unseres Lebens sind – unsere Töchter. Und ich fing an, darüber nachzudenken.

In einem Lieblingslied von mir geht der Text ungefähr so: ›Ich bin hier, weil ich hier hingehöre‹. Genau das trifft es, du bist hier, weil du zu mir gehörst, weil du genau so, wie du bist, zu mir gehörst. Mit deinen zauberhaft schönen Augen und deinem Blick, in den sich jeder gleich verliebt. Mit deiner kleinen niedlichen Nase, die du krümmst, wenn dich die Sonne kitzelt und mit deinem wunderbaren Mund, der mich dich küssen lässt und mit dem du mir dein wunderschönes Lächeln schenkst. Mit deinem Lockenkopf, durch den der Wind durchbläst in so stürmischen Zeiten wie diesen. Mit deiner samtweichen Haut, die so gut riecht. Mit deinem grazilen Körper, der sich tänzelnd vor mir bewegt, tanzend sogleich, wenn deine Lieblingsmusik im Radio läuft. ›Von Kopf bis Fuß bin ich verliebt‹ Verliebt in dich und deine Art, mir deine Welt zu zeigen, um meine reicher werden zu lassen. Und um zu begreifen, dass es nicht darum geht, dass du irgendwann deinen Reißverschluss der Jacke selbst schließt, sondern dass du mit uns da bist, hier bei uns, wir dich halten und lieben können.

Damit ›...bist du mutig‹, ›weil du mir Treue schwörst‹ Treue, die so wichtig ist für uns alle, die Treue, noch ganz lange bei uns zu sein, dich festzuhalten, auch wenn die Tage grauer werden und die Sonne sich kurz hinter dicken Wolken versteckt. Dann sind wir immer noch zusammen, weil du uns treu bist und wir dir treu sind. Du bist so einzigartig ›zwischen all den schönen Souvenirs‹, dass es an so manchem Tag schwerfällt zu glauben, dass du nicht für immer bei uns sein sollst. Dennoch sprichst ›du mich an, in dem Takt, der dieses Lied zu unserm Hit macht‹. Jeden Tag deines Lebens sprichst du mich an und sagst mir in deiner Sprache und mit deinen Worten, dass du leben willst, du willst es von ganzem Herzen und möchtest es nicht nur. Du entwickelst momentan einen sehr starken Willen und beginnst, dich zu wehren, denn die Menschen da draußen werden dich nicht immer nur mit offenen Armen empfangen, also ›Brich den Beat, mit Gefühl‹. Denn, wenn du es bist, der offen auf die Menschen zugeht, werden sie dich ebenfalls lieben und wertschätzen, so wie wir es jeden Tag tun, denn ›Du bist so schön, weil du lachst‹.

Verlier dein Lachen niemals, hörst du! Pass gut darauf auf, darum bitte ich Dich!

Ich liebe Dich, meine kleine Luisa und dein Lachen so sehr!

Deine Mami

Westpakete

In den letzten Wochen fallen mir zum Thema NPC ganz genau zwei große Schlagwörter ein: Zum einen »Schlechte Nachrichten« und zum anderen »Großartige Persönlichkeiten«. Ich möchte das kurz beschreiben. Erhält man diese zermalmende Diagnose, bricht alles, was bis zu diesem Zeitpunkt zählte im Leben, wie ein Kartenhaus zusammen, mit einem Mal! Total plötzlich, überhaupt nicht vorbereitend und richtig fies. Es gibt keine Sonne mehr, es gibt kein Frühlingsgezwitscher der **Vögel mehr, es gibt auch kein wir** mehr, es gibt eine ganze Zeit lang erst einmal nur Wolken, Regen und noch mal Wolken, Regen und wieder ein heftiges Gewitter. Und als ob das noch nicht genügen würde, gibt es das Ganze nicht einmal, nicht zweimal, nein, es gibt es durchaus drei- bis unendlich viele Male. Ein ganzes Leben lang!

Und so erreichen mich in der letzten Zeit so viele Gewitter unterschiedlicher Größenordnung, dass ich gar nicht weiß, wie es richtig sein könnte zu reagieren. In manchen Momenten überfällt mich die Wut über diesen ‚Feind in meinem Herzen', sodass es mir schwerfällt, die passenden Worte zu finden für all die Eltern, die, wie ich oft empfinde, soviel mutiger sind als ich und für all die Kids, die so tapfer sind, dass sie niemals jammern oder klagen. Denen das größte Geschenk zu sein scheint, am Leben teilhaben zu können, ganz egal, welches kleine oder größere Tribut NPC mal wieder von ihnen fordert.

Ich habe Hochachtung vor Gewittern, weil man nie weiß, in welchem Ausmaß sie daherkommen und wie lang sie bleiben. Allerdings weiß ich auch, dass sie wieder vorüberziehen und dann kann es sein, wenn man ganz viel Glück hat und die ersten Strahlen der Sonne auf die letzten Tropfen des Regens treffen, dass man einen Regenbogen sehen kann. So viele Gewitter auch vorüber zogen, so viele Regenbögen erblickte ich in letzter Zeit und konnte mein Leben, unser Leben, mit großartigen Persönlichkeiten bereichern. Menschen, die das Kartenhaus wieder mit aufbauen, es wieder mit Leben füllen. Menschen, die täglich Entscheidungen treffen müssen, ohne zu wissen, ob es die richtigen Entscheidungen sind. Trotzdem sind es Entscheidungen, die einem niemand abnimmt und die selten rückgängig gemacht werden können. Entscheidungen, die noch nicht einmal für einen selbst vorgesehen sind, aber leider für unsere Kinder.

Darüber hinaus bekamen wir in der letzten Zeit von lieben Menschen der Selbsthilfegruppe einige Päckchen. Ich liebe Päckchen und Pakete, nicht zuletzt, wenn sie aus dem »Westen« kommen. Vor gut 25 Jahren erhielten wir eines unserer letzten »Westpakete«, wie wir sie damals (und ich heute noch) liebevoll nannten. Vor gut 25 Jahren hieß es für uns, die große Welt kennenzulernen und neue Pfade zu betreten. Ich muss gerade in diesen Tagen ganz oft darüber nachdenken, was geschehen wäre, wenn sich das Blatt nicht umgekehrt hätte, was wäre, wenn. Auf jeden

Fall würden wir diese vielen wertvollen Menschen nicht kennengelernt haben und deshalb schon allein weine ich den alten Mauersteinen nicht allzu lange hinterher!

Es gelingt nicht vielen Menschen, auch bei Gewitter über den Tellerrand hinaus zu schauen, nachzufragen, Antwort zu geben, Rat anzubieten, einfach nur da zu sein. Es ist ein außerordentliches Glück, euch begegnen zu dürfen. Ihr seid ein bisschen meine Helden und wenn ich ein klein wenig irgendwann so bin, wie ihr da draußen, die ihr euren »Job« schon eine viel längere Zeit so fantastisch und mit Liebe erfüllt macht, dann würde mir das ein Lächeln in mein Herz zaubern und ich wüsste, ich habe in diesem Augenblick die richtigen Worte gefunden.

Luisapläne

In den einen oder anderen kleinen oder größeren Geschichten über unser Leben und vor allem über Luisas Leben erzählte ich, dass Luisa Puppen sehr mag und mit ihnen tief verbunden ist. Ein ähnliches Verhältnis besteht zu ihren heißgeliebten Pferden. Es gibt zwischen diesen ›Liebeswelten‹ oder ›Luisawelten‹ nur einen ganz dezenten Unterschied, welcher sich für Luisa jedoch als massiv existenziell erweist und wir nicht wissen, was wir ihr darauf antworten sollen, weil wir die Antwort wie so oft selbst nicht wissen.

Luisa glaubt, denkt und fühlt und wir würden so sehr gern ebenfalls davon ausgehen, dass sie später eine Mami sein kann. Immer, wenn sie beim Spielen sagt: »Hier (sie deutet dann auf ihren kleinen Bauch) ist mein Baby drin und kommt bald raus!«, stirbt in mir für den Moment ein klein wenig ›Mami sein‹. Es versetzt mir einen so tiefen Stich, weil ich eben nicht sagen kann: »Ja, wenn alles gut geht, mein Schatz, wirst du eine Mami sein …!« Ich müsste sagen: »Luli, wir müssen erst einmal sehen, was Niemann Pick da so mit dir vorhat und schauen, was sich das Leben für einen Plan für uns ausgedacht hat …!« Ich will das aber nicht sagen und deshalb sage ich einfach immer gar nichts, obwohl es mir einen Dolch ins Herz treibt. Denn sie weiß sogar schon, was ich dann als Omi für eine Aufgabe übernehmen darf. Ich darf die Windeln wechseln und ihr Baby füttern, Papa darf es angucken, aber nur angucken, sonst wird es wach und schreit. Sie selbst würde es gern halten und lieb haben.

Luisa spielt diese Szenerie jeden Tag. Und täglich schreit es in mir auf, obwohl ich weiß, wie sehr sie dieses Spiel mag. Sie fährt die Puppen im Puppenwagen spazieren, füttert sie, wechselt die Windeln, schimpft sie auch mal aus, geht mit ihnen zum Doktor, in die Kita, zum Kindersport und weiß, wann sie im Tuch getragen werden möchten. Sie liebt ihre Babys, so wie wir sie lieben. Und wenn ich einen Wunsch frei hätte, nur einen, dann würde ich mir wünschen, dass unsere Luisa später einmal eine Mami sein darf, eine, welche ein ›echtes‹ Baby unter ihrem Herzen trägt. Ein Baby im Arm hält, was sie anlächelt und von Herzen spricht, ›Mami und Papi, ihr müsst auf mich aufpassen!‹ So, wie wir ein Leben lang auf sie aufpassen und sie anlächeln und tief im Herzen hoffen, dass wir und all die anderen da draußen schneller sind und dir helfen können, ein langes selbstbestimmtes Leben zu führen!

Das ist mein Herzenswunsch, der mir in derselben Sekunde mein Herz spaltet, denn »Zukunft« ist ein Wort geworden, welches nicht oft in unseren Gedanken Platz findet. Niemand weiß, ob ihr Plan, einmal eine Köchin zu werden, gelingen wird. Vielleicht dürfen wir mit ihr ihre Träume leben und ihr dabei helfen, sie umzusetzen. Vielleicht zwingt uns die Erkrankung in die Knie. Vielleicht sollte ich aufhören, darüber nachzudenken.

Es wird immer einen Plan B geben, den wir ebenfalls im Gepäck haben und wenn es erforderlich ist auspacken. Bis dahin halten wir stark an Plan A fest und verlassen uns erst einmal auf alles, was dieser vorsieht.

DEZEMBER in Wien und England

Luisa erzählt morgens im Bad vom letzten Urlaub ...
Luisa: »Wann fahren wir wieder in den Urlaub, Mama?«
Mama: »Jetzt muss ein bisschen Zeit vergehen und dann fahren wir bald wieder in den Urlaub ... Wo möchtest du denn als nächstes hin?«
Luisa: »Hm, lass mich mal überlegen ... Ich möchte nach Rogätz (50 Seelendorf hinter Omas Dorf) oder mal nach England ...«
Mama: »Wie kommst du denn auf England?«
Luisa: »Nur so, Mama!«
Einen Tag später, abends am Bett ... Genau dieselbe Unterhaltung, nur mit Papa ...
Papa: »Wo möchtest du denn gern hinfahren ein nächstes Mal?«
Luisa: »Wien! Nach Wien, Papa!«
Wir vergewisserten uns nochmals und mussten grinsen ...

Warum ein Engel nicht gleich ein Engel ist

Die Tatsache, dass es in der Adventszeit irgendwie immer stressig ist, ist keine neue Erfindung und so kam es, dass wir uns vergangenes Wochenende bei Freunden nahe einer größeren Stadt mit dem vermeintlich größten Weihnachtsmarkt der Welt einbuchten. Diese Reise zeigte mir einmal mehr, warum es so wichtig ist, auf die innere Stimme zu hören. Zu hören, was diese unbewussten Gefühle mit mir machen, ohne Rücksicht auf Verluste.

Es war ein tolles Wochenende mit brillanten Menschen, die uns und vor allem mir erlaubten, einen Gang runter zu schalten und so ließen wir uns tragen von ihrer Ruhe und Gelassenheit und verbrachten die ersten besinnlich leichten Momente inmitten des ganzen vorweihnachtlichen Getümmels. Wir standen still, wo andere sich hetzten und ließen all die Ungeduld an uns vorbeiziehen. Die hektischen Gesten und die verzerrte Mimik sollten uns an diesem Wochenende nicht mitreißen.

Als wir nach gefühlten 81 Runden im nostalgischen Kinderkarussell, einer traumhaften Fahrt in der traditionsreichen Postkutsche und viel zu wenig Glühweinen beschlossen, den Weihnachtsmarkt zu verlassen, erzählte ich meiner neugewonnenen Freundin von meiner Engelsammelleidenschaft. Jetzt frage mich bitte niemand, warum es Engel sind und keine Schilder aus den Sechzigern, ich weiß es nicht. Was ich weiß ist, dass es kein Zufall war, als ich jenen kleinen Engel an diesem Abend kaufte.

Zuerst war ich etwas enttäuscht von diesem wahnsinnig großen Weihnachtsmarkt, denn trotz seiner Riesenhaftigkeit sollte alles, was man dort kaufen konnte, »Handmade with Love« sein. Auch der kleine Engelsverkaufsstand, vor dem ich plötzlich stand, war keine Ausnahme. Allerdings sollte es hier auf jeden Fall nur »Handmade« sein.

Ich kämpfte mich also durch goldige Engelfiguren auf der rechten Seite hinüber zu silbernen Engelfiguren auf der linken und es wollte mir nicht gelingen, den richtigen aus diesem Sammelsurium der kichernden, weinenden, die Beine übereinander schlagenden oder sich räkelnden Engel herauszufiltern. Doch ich konnte mich auch nicht lösen, denn mein Gefühl sagte mir, ich brauche jetzt einen Engel. Ich ließ meinen Blick abermals schweifen und entdeckte plötzlich einen winzigen, recht nachdenklichen, zauberschönen Engel. Die Verkäuferin handelte mit der Engelchefin noch den Preis aus und ich zog mit meinem Engel in der Schachtel von dannen. Dirk beschmunzelt meine Leidenschaft generell, nur diesmal nicht. Diesmal nahm er meine Hand und fragte, ob ich einen gefunden hätte. Und ich sagte: »Ja!«

In diesem Moment zünde ich ein ganz besonders helles Licht an, für ein ganz besonderes Sternenkind, welches sich auf die Reise macht, um ein Engel zu werden. Ebenfalls zünde ich für die wohl tapfersten beiden Menschen die Kerzen an und stelle fortan diesen kleinen Engel daneben, denn er gehört für alle Zeit zu euch, wie das letzte Teil zu einem Puzzle!

Wir nehmen Abschied und gedenken still…

Zeit, Begegnungen, Wein, Liebe, Versuche und Gefühle

Eine gute Freundin schenkte mir zum Weihnachtsfest eine Flasche guten Wein, zumindest nehme ich das an, denn sie ist eine sehr fabelhafte Weinkennerin und würde wohl kaum einen Tropfen verschenken, der nicht gut ist! Ich bedankte mich und mit dem Wissen im Hinterkopf, dass sie mir einen hervorragenden Wein schenkte, sagte ich zu ihr, dass ich den perfekten Moment für diesen Wein abwarten würde, um ihn dann zu genießen. Sie »tadelte« mich und sagte, dass es den perfekten Moment nicht gäbe. Ich dachte, das müsste ich herausfinden und so trug es sich zu, dass nach den weihnachtlichen Festtagen eine Welle freundschaftlicher Begegnungen auf uns zurollte, die wir sehr genießen konnten. Wir hatten endlich einmal Zeit und brachten Treffen zustande, die schon längst überfällig waren. Ich persönlich freute mich auf jedes Einzelne sehr und Luisa und Dirk, so glaub ich, ebenfalls. Ich machte mich mit der Erinnerung an die Worte der Freundin »Du sollst nicht auf den perfekten Moment warten« während unserer tollen Tage, unbewusst, auf die Suche nach ihm. Ich war nach kurzer Zeit beinahe besessen auf den Augenblick des perfekten Moments, um ihn endlich einzufrieren, um sagen zu können, »Ah, das war er!« oder »Wow, das soll er gewesen sein?« Ganz schön verrückt, aber so war es. Dann kam der erste …

Wir saßen mit einem befreundeten Pärchen und deren Sohn beim Kaffee und Luisa aß genüsslich einen Keks. So wunderbar genüsslich, dass der halbe Keks nicht im Mund, sondern auf die Erde krümelte, einfach so und es war ihr ganz egal, denn sie aß noch einen in gleicher Manier und noch einen dritten, mit ähnlichen Krümelfaktor. Mir fiel es erst später auf und ich stieß ein »Oh, LUISA! Nicht wirklich, oder?« mit bestimmendem Ton aus und sie antwortete recht trocken: »Doch, Mami! Krümel, überall!« Daraufhin meinte der Papa des Pärchens sehr herzlich: »Ich mag das einfach, bei euch zu sein, bei euch ist immer alles so normal!« Das war einer meiner ganz besonderen perfekten Momente! Ich war sehr gerührt über dieses Kompliment, denn es war ein Moment der Ehrlichkeit, ein Moment der vollkommenen

Akzeptanz und nicht nur ein Versuch, sich in unser Leben einzufinden. Obwohl die Versuche, die wir erfahren, ebenfalls sehr wertvoll sind, so ein Gefühl des Verstehens jedoch ein völlig anderes ist, wenn es um unser dreier Gefühle geht.

Ein nächster »Perfekter« ließ nicht lange auf sich warten und erreichte mich, und ich glaube, ich spreche gleichwohl für uns drei, am nächstfolgenden Nachmittag. Dieser perfekte Augenblick zeichnete sich durch seine Beständigkeit aus, bis zum Zeitpunkt der Verabschiedung. Denn ich glaube, Luisa ist verliebt. Der Sohn eines weiteren befreundeten Pärchens ist knapp drei Jahre älter und wahrhaftig cool, zumindest meinte dies Luischen. Sie »himmelte« ihn an, den gesamten Nachmittag. Auch in der Glühweinhütte, als Papa ihr einen Kakao kaufte, ihr heißgeliebter Papa, den sie eigentlich später heiraten möchte, auch er musste hart zurückstecken, denn sie wünschte sich diesmal keinen Kakao, sondern einen Kinderpunsch, so wie ihr echt cooler Schwarm. Dieser vermeintlich vollkommene Moment, Luisa so durchgehend glücklich zu erleben, das war ebenfalls ein Moment der Kategorie »sehr perfekt«!

Ich habe mich ganz bewusst einmal auf die Reise gemacht, um diese »Perfekten« zu entdecken und herauszufinden, was sie mit mir und uns machen, welchen Einfluss sie haben und wie wir sie behandeln. Mein ganz persönliches Resümee: Es ist wichtig, dass man sie erkennt, es ist genauso wichtig, dass man sie nicht überbewertet, denn irgendwie ist doch jeder Moment einzigartig und kostbar. Kostbar und brillant. Unser Leben reicherte sich mit so vielen »neuen« wertvollen Menschen an und verblieb in genauso »alten« unersetzbaren Verbindungen. Die Mischung aus beiden Teilen macht uns glücklich.

Altes hinter sich lassen und Neues zum Leben erwecken!

Schnittlauch im JANUAR

An manchen Tagen tun uns frische Blumen im Haus gut ... Ich kaufte an einem Dienstag mit Luisa frische Blumen ... Zwei Tage später ...
Luisa: »Ich möchte eine Blume aus der Vase ...!«
Mami: »Warum? Die sehen doch schöner in der Vase aus!«
Luisa: »Ich brauche die, Mami!«
Mami: »Wozu denn? Die schönen Blumen ...«
Luisa: »Ich brauche die, JETZT!!! Ich will Schnittlauch machen!!!«
Mami: »;)«

Gemeinsam in die gleiche Richtung blicken

Mittlerweile erfahre ich immer mehr über die Selbsthilfegruppe und die Menschen in ihr. Ohne die Mithilfe dieser Menschen wären wir nicht da, wo wir jetzt schon sind.

In einem intensiveren Mailaustausch Anfang November wurde deutlich, dass unserem Verein für den Bereich Nord und Ost bezüglich der Zusammenarbeit mit der ACHSE (Allianz Chronischer Seltener Erkrankungen www.achse-online.de) so etwas wie eine Beauftragte fehlte. Ich fühlte mich »berufen« und nach kurzer Überlegung durfte ich die Aufgaben einer »ACHSE- Beauftragten« für die nördliche und östliche Region übernehmen. Ich, ein halbes Jahr in der Selbsthilfegruppe, blind vor Engagement und keine Ahnung, außer von unserem Kind, was alles chronisch selten sein kann auf dieser Welt! Es flatterte plötzlich eine Mail nach der anderen in mein Postfach, wo die ACHSE, welche Seminare anbot, und es klang schon alles sehr interessant, aber ich sollte mich entscheiden können und so fuhr ich Ende November an einem Freitag nach Berlin!

Drei lange Tage nach Berlin! So lang war ich von Luisa noch nie getrennt und ich vermisste sie bereits auf dem Bahnsteig. Ich mag Berlin sehr, nur immer nicht allzu lang, denn ich verliere mich in Berlin so schnell. In Berlin fand ein Seminar mit dem Titel »Betroffene helfen Betroffenen« statt und es ging drei Tage um die Arbeit der Selbsthilfe, um das deutsche Gesundheitssystem, um die so unabdingbare Öffentlichkeitsarbeit, mit der ein Verein steht und fällt! Geladen waren Vertreter der unterschiedlichen Selbsthilfevereine und Selbsthilfegruppen, die dem Dachverband ACHSE angehören.

Am ersten Tag starteten wir nachmittags unter dem Motto »Kennenlernen« unseren ersten Seminarblock. Wir saßen tatsächlich wie in einer Selbsthilfegruppe in einem Stuhlkreis und ich musste kurz schmunzeln und mich sortieren, ob ich denn die Richtige für den Job wäre. Ich gab der Situation eine Chance. Die zentralen Fragen in dieser Runde waren: Welchen Verein vertreten Sie? Wie sind Sie zu Ihrem Verein gekommen? Welche Position bekleiden Sie in ihm? Wo läuft es gut, wo könnte es tendenziell besser laufen? Was macht Ihren Verein so besonders? Ich bin wirklich nicht auf den Mund gefallen, aber das war irgendwie anders. Da saß neben den zahlreichen anderen Selbsthilfevertretern, die meist den Vorstand bekleideten, auch der Vorstand der ACHSE, den ich Freitagnachmittag natürlich noch nicht so gut kannte, wie am Sonntag bei der Abreise. Dann war ich an der Reihe. Frage eins und zwei waren einfach. Frage drei eigentlich auch, aber ich war ja bis dahin noch nichts, sagen wir mal so, die anderen waren auf alle Fälle mehr, so mein Gefühl. Frage vier stellte mich vor eine persönliche Herausforderung, da ich einfach noch etwas »frisch« in der Branche war und ich entschied kurzer Hand, über unsere außerordentlich gute Zusammenarbeit mit Forschung und Ärzteschaft zu referieren. Diesen Punkt nahm ich sogleich als Überleitung zu Frage fünf und endete mit den Worten: »Die Menschen in unserem Verein sind so besonders!« Kurze Stille im Raum, dann Zunicken. Geschafft. Der nächste bitte!

Ja, das war die Kennlernrunde und ich ging wirklich mit sehr gemischten Gefühlen an das abendliche Buffet. Das ist eigentlich sonst so gar nicht meine Art, entweder ich fühle mich wohl oder nicht. Zu diesem Zeitpunkt war es nicht möglich, dies näher zu bestimmen. So entschied ich mich, alles etwas entspannter angehen zu lassen. Und plötzlich lief es wie von selbst! Ich lernte innerhalb kürzester Zeit so sagenhafte Menschen kennen, die sich in ihrem Leben so derart außerordentlich für andere Menschen engagierten oder natürlich auch, weil sie selbst betroffen waren. Das war oberste Selbsthilfeliga! Ich wollte auch mitspielen und bemerkte kaum, dass ich schon längst im Team war! Ein schönes Gefühl, dazuzugehören!

Tag zwei war nicht weniger interessant, wenngleich mit 120% theoretischen Blöcken zugepackt, welche ein Maximum an Konzentration erforderten. Wir wurden die gesamte Zeit mit sehr guten Referenten bekannt gemacht und das entschädigte die ein oder andere theoretische Abhandlung. Theorien sind ja bekanntlicherweise Gold wert, wenn man etwas verstehen und umsetzen möchte und das wollen wir! Nach dem Abendessen entschied ein Teil der jüngeren Fraktion, einen nahen Weihnachtsmarkt zu besuchen. Der Besuch tat wirklich gut, denn es gibt noch mehr seltene Erkrankungen auf dieser Welt! Alle kämpfen und es kämpft sich besser zusammen als allein, soviel steht fest! Die kalte Berliner Winterluft in den Lungen, liefen wir zurück ins Hotel, wo die Nachtruhe Einklang hielt. Motiviert und mit einem sehr interessanten Thema, der »Öffentlichkeitsarbeit«, ging es am Sonntag in die letzte Runde! Ich sog alles Wertvolle an Wissen in mich auf und hatte auf einmal hunderte Ideen im Kopf, die nur so aus mir heraussprudelten, wenn sie gekonnt hätten. Für mich war alles sehr spannend und ich fing an, auf dem Weg zum Zug meine Gedanken zu sortieren, einzuordnen, mich zu erden! Auf der Strecke begegneten mir vor einem Theater ganz viele Kinder. Klar, es war ja der erste Advent und es gab sicherlich eine Weihnachtsvorstellung und plötzlich war ich schon bei unserem Luischen daheim und vermisste sie und ihre witzige Art noch mehr, als alles andere auf der Welt. Der Zug rollte ein und ich kehrte Berlin den Rücken und sagte »Adieu« bis zum nächsten Mal.

Was nehme ich mit zu den Menschen, die unsere Selbsthilfe zu dem machen, was sie ist? Ich habe gelernt, dass es ohne Kommunikation und Vernetzung nicht einen Schritt vorwärts geht, nur etliche zurück! Ich habe verinnerlicht, dass die Ressourcen eines jeden Einzelnen mobilisiert werden können, damit nicht nur wenige alles verrichten müssen! Aufklärung, Bewusstseinserweiterung und Bekanntmachung sind unser Job, damit die »Seltenen« eine Stimme bekommen bzw. damit sie die, die sie bereits haben, behalten!

Sackgassen, Rückwärtsgänge und neue Wege

Das Leben ist manchmal wirklich irre. Irre genial, irre fies, irre sensationell, irre unfair, irre großartig, aber vor allem irre bemerkenswert mit der kompletten Farbpalette von hellgelb bis dunkelviolett versehen. Es ist alles dabei.

Als ich heute früh zum Beispiel dachte, ich wäre gerade dabei, mich mal wieder in eine Sackgasse zu katapultieren, ohne die Option eines Rückwärtsgangs zu kennen, war am Abend davon nichts mehr zu spüren. Es machte mich nachdenklich. Als ich dann noch eines dieser Lebensgedichte in die Hände bekam – ich mag sie eigentlich gar nicht, diese oft platten, aber in netten Reimen aufgeschriebenen Weisheiten – nahm ich es zum Anlass für ein paar Inspirationen.

Lebe Deinen Traum, Denke immer positiv und Tue, was Du liebst …

Meinen Traum leben. Das fing ja gut an, dachte ich und die Antwort hatte ich prompt, denn der Traum heißt, das Leben zu leben, wie lang? Völlig egal, Hauptsache intensiv und voller Zufriedenheit. Positiv denken. Das fällt mir in den letzten Tagen nicht mehr ganz so leicht, denn die Nachrichten, die uns erreichen, sind in den vergangenen Wochen nicht immer von positiver Natur. Tue, was du liebst! Ich liebe … Ich lebe … Ich liebe das Leben … Ganz einfach.

Fühle das Glück, Lache viel, Verfolge Deine Ziele ...

Fühle das Glück! Mit jedem neuen Tag fühle ich das Glück, Luisa bei uns zu wissen, so wie sie das Glück fühlt, zu leben! Lache viel! Das kann ich sehr gut und hab es an noch keinem Tag verlernt... Wäre ja auch gelacht! Verfolge Deine Ziele! Seitdem wir mit Luisas Erkrankung ganz bewusst leben, fällt es mir schwer, Ziele zu formulieren. Es gibt kein Ziel in dem Sinne. Es gibt einen Weg, aber es gibt kein wirkliches Ziel. Ein Ziel wäre etwas Vollendetes und nichts offen Gestaltbares. Zugegeben macht mich diese Offenheit derzeit ziemlich nervös und ich hätte durchaus gern ein Ziel verfolgt, beispielsweise eine geeignete Schulform für Luisa festzulegen. Aber es braucht noch Zeit und nichts desto trotz braucht der Mensch Ziele, und ein total festgelegtes Ziel sind für uns Urlaube! Egal wie, wo und wie lang.

Verlerne nicht zu träumen, Glaube an Dich, Sei dankbar ...

Verlerne nicht zu träumen! Träume und Visionen braucht man, um sich selbst am Leben zu erhalten und um zu wissen, wofür man denn eigentlich lebt. Ich träume davon, Luisa ein möglichst selbst bestimmtes und erfülltes Leben mit wertvollen Glücksmomenten zu schenken. Ihr mit auf den Weg zu geben, was es heißt, ein möglichst weltoffener und genügsamer Mensch zu sein. Glaube an Dich! Derzeitig befinde ich mich in der Glaubensachterbahn und derjenige, der dafür zuständig ist zu sagen: »Die Fahrt endet hier, bitte alles aussteigen!« macht gerade eine ziemlich lange Kaffeepause und niemand weiß, wann er wieder da sein wird, um diese Fahrt zu beenden. Manchmal gibt es einfach wirklich chaotische Zeiten im Leben, die den Glauben an sich selbst ein wenig nach hinten rücken lassen. Aber ich verspreche, irgendwann muss er vom vielen Kaffee auf die Toilette und dann rufe ich ganz laut: »Anhalten!« Sei dankbar! Bei all der großen Trauer, die uns in den letzten Wochen ereilte, aber auch bei all den guten Nachrichten zu geplanten Medikamentenstudien, bin ich sehr dankbar! Dankbar für ein buntes, lautes und frohes Leben. Dankbar für die Lebendigkeit, die in so einem Leben stecken kann.

Halte Deine Versprechen, Liebe das Leben, Folge Deinem Herzen ...

Halte Deine Versprechen! Das versuche ich täglich. Gegenüber meiner Familie und all den Menschen, die mir mittlerweile so sehr ans Herz gewachsen sind, dass ich manchmal gar nicht weiß, ob es nicht mehr als Freunde sind. Allerdings gibt es dafür keinen Begriff. Liebe das Leben! Ich liebe das Leben in Momenten, in denen es Menschen schaffen, sie so zu gestalten, dass sie mein Bewusstsein erweitern und ich neue Sichtweisen eröffnet bekomme. Folge Deinem Herzen! Ich folge meinem Herzen.

Erfinde Dich selbst, Genieße jeden Tag, Es ist Dein Leben!

Erfinde Dich selbst! Das klingt wirklich nach hoher Kunst. Ich glaube, die hohe Kunst besteht darin, sich immer wieder selbst zu hinterfragen und zu versuchen, Dinge für sich selbst richtig einzuordnen, nicht für andere. Öfter mal den Rückwärtsgang einlegen, um wieder durchzustarten. Neue Kraft tanken, sich selbst (er)finden. Genieße jeden Tag! Wenn das immer so einfach wäre, ich geb mir Mühe. Es ist Dein Leben ... Ja, das ist wahr, aber es ist nicht *nur* mein Leben!

In den meisten Fällen steht vor Sackgassen das dazugehörige Schild, allerdings fährt man ganz oft in sie hinein, um sich davon zu überzeugen, dass es nicht weitergeht. Denn es hätte ja doch vielleicht noch eine Durchfahrmöglichkeit geben können. Dann müssen wir den viel zu selten benutzten Rückwärtsgang bedienen, um hinaus zu gelangen und nach einem neuen Weg suchen. Es ist

Zeit, neue Wege zu finden, neue Pfade zu betreten, es ist Zeit, den Glauben an sich selbst wieder zu entdecken!

Denn ich glaube, nur wer an sich selbst glaubt, kann auch für andere da sein!

Eins Zwei Drei ist FEBRUAR

Mama: »Luisa, wie viel Finger kannst du erkennen?« (Ich zeige ihr am Abend drei Finger!)
Luisa: »...« (keine Reaktion)
Mama: »Ok, probieren wir es einfach morgen früh nochmal!«
Kurze Pause ...
Mama: (Ich halte mich nicht an unsere Verabredung und zeige ihr ganz spontan meine drei Finger erneut!)
Luisa: »Morgen früh, Mama!«

Von Teilhabe und ehrgeizigen Müttern

Das vergangene Wochenende war ein »Festival der Freude« und von daher schwinden auch so allmählich diese düsteren Gedanken in meinem Kopf, die sich da mittlerweile schon eine längere Zeit eingemietet hatten, weil es da gemütlich zu sein scheint. Das tut keinem Kopf gut und schon gar nicht der Seele, dem Herzen und dem inneren Frieden. Zu oft noch bin ich am hadern und verhandeln, um von mir behaupten zu können, ich habe ihn gefunden, den inneren Frieden.

Seit diesem Wochenende jedoch gibt es eine Art Waffenruhe in mir und ich habe heute beschlossen, dass jetzt schon mal Frühling und somit ganz viel positive Energie bei uns Einzug halten kann, damit ich diesen grauen Schleier endlich ganz loswerde.

Wir freuten uns schon riesig auf unser Freundinnendate bei einer Freundin aus Luisas Kitagruppe, einem tollen Mädchen. Ganz nebenbei, die Mama des Mädchens und ich haben seit unserem ersten Treffen auch einen äußerst positiven Draht zueinander und ergänzen uns ganz wunderbar. Alle amüsierten sich und wir spielten mit den Mädels alles, was das Mädchenzimmer hergab und Luisa auch, klar, wir waren ja auch hauptsächlich wegen ihr da! Luisas Freundin präsentierte uns nach einer Weile ein

Bastelhighlight nach dem nächsten und plötzlich begegneten uns LOOM-Kästen auf dem Tisch.

Loombänder, das sind so ganz zarte kleine Gummiringe, die man sich um zwei Finger wickelt, einer bestimmten Technik folgt und daraus entstehen dann hübsche Armbänder, blaue, grüne, gelbe, mit Glitzer, ohne, bunte, dicke, dünne – es ist einfach alles möglich, der Fantasie sind keine Grenzen gesetzt! Luisa selbst besitzt diese Bastelei nicht, liebt jedoch diese Armbänder über alles. Ich kann mir im Nachgang gar nicht erklären, warum sie diesen mörderischen LOOM–Wahnsinn nicht besitzt, bis dahin. Nun begann das bunte Treiben um die kleinen Gummiringe. Ich hatte die Technik schnell verstanden und Luisa tat so, als hätte sie es auch verstanden. Das war wirklich sehr niedlich, denn in ihren großen Augen stand, wie so oft, etwas anderes geschrieben:

»Warum kann ich das nicht? Warum können es wieder alle anderen, aber ich nicht? Ich hab doch auch zwei Finger, um die diese Gummis passen? Warum fällt es denn jetzt ausgerechnet mir wieder so schwer?«

Ich griff erst einmal nicht ein und wartete ab, was passiert. Sie wurde nicht wütend oder machte ihr sonst so grimmiges Gesicht, nein, sie versuchte es allein, auf ihre Art. Und das ging so: Sie nahm sich ein gutes Dutzend bunter Gummis und zog sie alle um nur *einen* Finger. Wie lustig und gleichwohl traurig das für diesen Moment für uns beide war, muss ich glaub ich nicht näher ausführen. Ich hätte nicht gewusst, weshalb ich hätte weinen sollen. Dennoch fand ich es so toll von ihr, dass sie daran teil haben wollte und es auf ihre Art zuließ und schließlich hatte sie sich natürlich kein LOOM-Armband zaubern können, aber dafür gab es ja auch akribische Mütter, die enormen Ehrgeiz beim Basteln entwickelten. Als ich ihr das zauberschönste LOOM-Armband um ihr kleines Handgelenk legte, bekam ich das schönste Lächeln vom ganzen Tag und unsere Welt war inmitten der anderen, ganz oft funktionierenden Welt ganz schön in Ordnung und gar nicht mehr grau.

In der letzten Zeit fragen uns viele Menschen, wie es Luisa mittlerweile geht und manchmal kann ich es selbst nicht glauben, was ich ihnen antworte. Ich antworte ganz oft, dass es ihr sehr gut gehe und sie sich entwickele, besser, als wir es angenommen hätten, sie vertrage ihr Medikament gut und finde sich allmählich in ihrer Welt zurecht. Es grenzt an ein Wunder, dieses kleine starke Mädchen.

Der einzige Punkt, der mir etwas Sorgen bereitet, ist, dass sie in vielen Momenten, gerade was Anstrengungsbereitschaft und Motivation anbelangt, oftmals einen zu starken eigenen Willen entwickelt und somit die Situationen destruktiv werden. Besonders in Therapiesituationen verweigert sie derzeit öfter die Mitarbeit oder beginnt erst gar nicht. Wir könnten jetzt ganz zielstrebig nach den Ursachen suchen, aber wir sind derweil auch ruhiger geworden und geben ihr einfach etwas Zeit. Ich denke, das wird das Beste sein, ohne sie und uns alle zu stressen.

Mainz II. Teil

»Mama, heute ist Karneval in Rio!« »Nein Süße, heute ist Karneval in der Kita!« »Naja, sag ich doch, in Rio!« So begrüßte mich Luisa am Morgen des Faschingtages in der Kita. Sie war so ungeheuerlich gut und positiv gelaunt, dass ich gar nicht daran dachte, was für uns in den nächsten 24 Stunden vorgesehen war.

Ich hatte am Vorabend unsere Sachen in die Taschen gepackt und Luisas Kuscheldecke zum Schlafen im Auto ganz nach oben gelegt, damit wir sie gleich griffbereit hatten, als wir nach dem Faschingsvormittag zum zweiten Mal unsere Reise nach Mainz antraten. Ein gutes halbes Jahr war vergangen und wir steuerten die Uniklinik mit einem sehr facettenreichen Tagespensum an, um danach an Wissen und Erfahrung reicher zu sein.

Und das nächste Mal schlaft ihr bei uns

Ein Gutes hatte diese Reise allemal, denn auf dem Weg besuchten wir Menschen, die uns innerhalb kürzester Zeit wieder einmal so sehr ans Herz gewachsen waren. Diese sagenhafte Nähe und Vertrautheit schien beim ersten Mal »Sehen« kaum möglich, aber es war so und es darf gern noch ein bisschen länger so bleiben. Wir erzählten ohne Punkt und Komma und beim Abendessen mit einer wirklich sehr bezaubernden Omi musste ich mich zwischendurch kneifen, um zu begreifen, was dort geschah. Da trafen Menschen mit einem unerträglichen Schicksal auf Menschen mit dem gleichen Schicksal und sie halfen einander. Sie halfen sich, indem sie einander zuhörten und vom anderen lernten, sich für einen nächsten Besuch verabredeten, weil dieser gerade richtig gut tat und sie miteinander lachen konnten, über dieselben Dinge.

Frankfurt Airport

Wir setzten unsere Reise fort und sie führte uns abermals am Frankfurter Flughafen vorbei. Schon bei meiner ersten Begegnung mit diesem »Monster« wurde mir ganz anders und ich war total begeistert von so einer gewaltigen Erscheinung. Über uns starteten die Flugzeuge in fremde Länder oder landeten daheim, wie Marionetten eines Flughafentheaters. Ich fand ihn zum wiederholten Mal irre gigantisch, enorm kolossal, einfach majestätisch. Dies alles war das Hotel, was wir diesmal gebucht hatten, so überhaupt nicht, aber soll ich mal verraten, was es war? 100 % inklusiv!!! Es war zu 200 % barrierefrei und ein sehr angenehmer Ort, um am nächsten Tag Luischen um 6.45 Uhr genüsslich beim Frühstücken zuzuschauen. Ich musste mir etwas Brötchen und einen halben Kaffee hineinzwingen. Das war die Anweisung vom Ehemann. Mein Magen und ich wären lieber noch ein bisschen auf dem Hotelzimmer geblieben. Das hätte uns so gar nichts ausgemacht, allerdings schmeckte es Luisa gleich noch mal so gut mit Mamas Beteiligung und deshalb blieben wir. Viel Gesprochenes gab es nicht, zu Dirks Nachteil, denn Papa war die Ruhe in Person. Was sonst? Das mit dem halben Brötchen und dem Kaffee blieb auch erst einmal so, bis abends halb sechs.

»Sowie es hektisch wird, ziehen sich Kinder mit NPC zurück …«

Unser Marathon begann um 8.00 Uhr in der Anmeldung der Kinderklinik. Das besagter Kliniktag überhaupt stattfinden konnte, haben wir nicht zuletzt dem Arzt zu verdanken, der trotz Grippe den halben Tag zur Verfügung stand. In der Anmeldung gab es einen Papierstau im Drucker. Die Anmeldung dauerte quälende 37 Minuten. Um 8.45 Uhr betraten wir die neuen Räumlichkeiten der Stoffwechselabteilung und warteten auf der Station auf unsere Schwester. Ich liebe diese Frau! Sie ist der Inbegriff von Kinderkrankenschwester, ach sie ist alles in einer Person vereint, Pädagogin, Ärztin, Krankenschwester, Freundin, einfach alles. Ihr und all den anderen gebührt an dieser Stelle mal ein außerordentliches Lob, da es bis nachmittags halb vier (!) kein einziges Mal ein zynisches Wort, einen zu tiefen Blick oder eine abwertende Bemerkung gab, im Gegenteil. Meinen größten Respekt dieser Schwester! Als ich ihren flotten Pferdeschwanz und ihre zierliche Erscheinung sah, war die Welt in Ordnung und mein dauerhaft viel zu hoher Puls senkte sich von 158 auf lockere 77 und ich war fortan wirklich zur Ruhe gekommen.

Ultraschall, Arztgespräche, Augenklinik, Blutbild, Untersuchung, Gummibärchen

Auch der Arzt kam bald und Luisa und Dirk waren schon wieder zurück von der ersten Untersuchung. Der Ultraschall ergab ein unverändertes Bild. Der Arzt fragte Luisa immer wieder nach den

Gummibärchen in ihrem Bauch und ob sie sie beim Ultraschall gesehen hätte. Luisa weinte dem Arzt ein entsetzliches »Nein« entgegen und dabei blieb es dann auch den ganzen Tag. Die Milz und die Leber waren weiterhin vergrößert, obwohl der Leber einige Millimeter an Größe abgesprochen werden konnten. Ein minimaler Etappensieg, aber besser, als gar keiner! Die Funktionalität war nach wie vor nicht eingeschränkt und das Blutbild dahingehend auch bereits wesentlich verbessert! Wenn das mal keine guten Nachrichten waren.

Es folgte ein ausführliches Arztgespräch. Wie bereits beim ersten Mal auch, mit sehr viel Erfahrung, Wissen und Einfühlungsvermögen, mit dem nötigen Respekt vor uns als Eltern, als Profis hinsichtlich unseres Kindes und gleichwohl mit dem Arzt auf Augenhöhe, was sein Wissen und unsere Beobachtungen bezüglich der Erkrankung zusammenfließen ließen. Wir berichteten über unseren Alltag, von der Verträglichkeit des Medikamentes, Luisas unterschiedliche Therapieansätze, ihre Antwort darauf und wir redeten eben auch über ihre aufkommende und viel zu erhöhte Frustrationstoleranz, die den Alltag mitunter erschwert sowie über bevorstehende Studien. Für den Arzt nichts Neues, nur dass er sich zusätzlich danach erkundigte, ob sie es denn auch so wahrnehme, dass ihr etwas in den besagten Momenten nicht gelinge.

Volltreffer. Luisa nimmt es bereits wahr, bevor sie manche Dinge überhaupt beginnt, denn dieses Kind ist so clever, dass sie es bereits in 80% der Fälle zuordnen kann, wann ihr wohl etwas gelingen wird und wann nicht. Schätzt sie ein, dass es eher danebengehen wird, wird man bei ihr überhaupt nichts erreichen. Somit und auch später in der neurologischen Untersuchung wurde uns ein mental fittes Kind bescheinigt, welches sehr wohl weiß, wie sie etwas erreicht und vor allem mit welchen Mitteln ;). Wir sollten also dieselbe Medikamentendosis geben und in den Sommermonaten bezüglich der Therapien die eine oder andere Entscheidung treffen, gegebenenfalls etwas auszutauschen. Das A und O: Luisa muss in Bewegung bleiben!

11.00 Uhr: Termin Augenarzt/Sehschule. Ein viel zu kleines Wartezimmer für viel zu viele Patienten. In der Summe kam heraus, dass ihre vertikalen Augenbewegungen keinerlei Verbesserung und/ oder Verschlechterung ergaben, die horizontalen jedoch um einiges besser geworden sind. Weiterhin also erfreuliche Nachrichten. Dieser Termin zehrte an unseren Nerven, denn er war erst gegen 13.15 Uhr beendet und somit verpassten wir den Orthopädietechniker. Luisa bekam zur Beruhigung Gummibärchen im Eisstiel.

Gegen 14.30 Uhr starteten wir dann mit der körperlichen und neurologischen Untersuchung sowie der Blutentnahme. Luisa hing das erste Mal in den Seilen und ganz ehrlich? Ich auch und Dirk glaub ich auch. Der Arzt, der sie untersuchte, erklärte Luisa wieder die Gummibärchennummer, diesmal wollte er wissen, ob sie sich unter ihrem Rippenbogen versteckten oder er sie neben der Leber tasten konnte. Luisa schrie »Nein«! Woher auch sollte sie es wissen? Es half ja nichts, als dies alles erledigt war, drückte ich der Schwester nicht nur die Hand und wir machten uns auf den Weg zu unserem letzten Termin. Außerhalb der Klinik besuchten wir das Rehateam mit dem Orthopädietechniker.

Einlagen für die Füße

Ich weiß nicht, wie Luisa es gemacht hat, aber sie war plötzlich wieder sehr wach und wirklich tiefenentspannt , ließ sich Klebepunkte am ganzen Körper setzen und glitt wie Heidis Germany‹s Next Topmodel über die Laufbahn, wobei mithilfe etlicher Kameras ihr Gangbild aufgezeichnet wurde. Ganz locker klatschte sie danach mit mir ab und grinste. Luisa bekam abermals eine Tüte… Na? Gummibärchen. Es ist ein bisschen ulkig, denn am Tag selbst war mir das gar nicht so aufgefallen, allerdings schienen alle Ärzte, egal welcher Profession, eine Gummibärenabsprache getroffen zu haben, die Luisa nach dem dritten Termin nervte ;). Luischen war in ihrem Bewegungsapparat in der Hüfte am instabilsten, die linke Seite machte Schwierigkeiten. Der linke Fuß musste schleunigst korrigiert werden, damit sich diese Angelegenheit nicht noch tiefer festsetzte. Bereits bei unserem Aufenthalt in der Kurklinik (2013!) wurde dies erkannt!!! Abdrücke von ihren Füßen wurden angefertigt und die Einlagen würden hergestellt werden. Ich war stinksauer, denn um dieses Problem wussten wir, wie bereits erwähnt, nicht erst seit der NPC Diagnose. Ich fange besser nicht an, mein Nervenkostüm zu erregen, denn eines war nach diesem Tag mehr als klar:

Luisa geht es mit NPC wirklich gut. Wir können aufatmen und weitermachen wie bisher, denn es scheint ein möglicher Weg zu sein, noch etliche Gummibärchentüten an sie verteilen zu können. Sie bekam im Übrigen drei Kästen LOOM-Bänder von uns geschenkt. Gummibärchen wollte sie im Auto nicht. Wir drängten sie nicht weiter.

Sie ist und bleibt die schönste und mutigste Luisa der Welt und als ich mich fragte, wie dieses kleine Mädchen das schaffe, wusste ich, sie macht es einfach, weil sie weiß, was sie will...LEBEN!

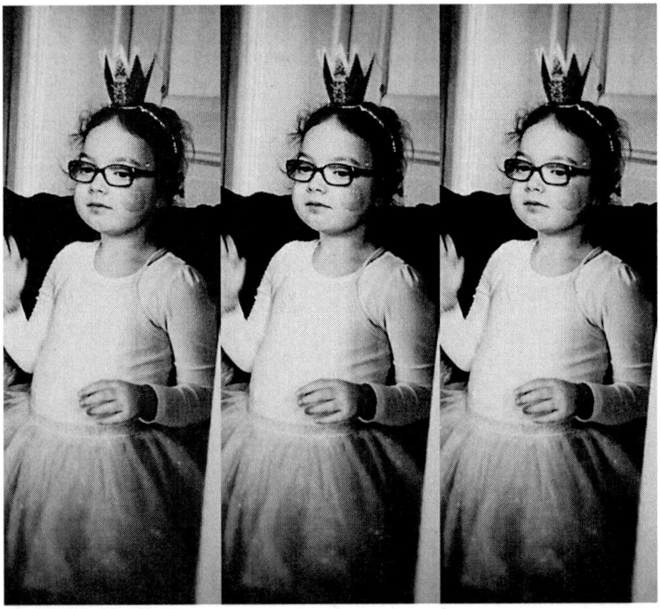

Primaballerina

»Oooh Mama« es ist MÄRZ

Luisa war auf der Toilette …
Mama: »Zieh bitte deine Hose hoch!«
Luisa: »Nö!«
Mama: »Luisa, zieh bitte deine Hose hoch, allein!«
Luisa: »Oooh Mama, du bist nicht mein Diener, ich weiß!«

Wie Douglas-Frauen es immer wieder schaffen, vom Alltag abzulenken

»Wenn sich der Lebensplan ändert, dann …«, schoss es mir heute aus dem TV entgegen, so bizarr und auf den Punkt gebracht es auch in dem ersten Augenblick erschien. Jetzt könnte ich tatsächlich Seiten füllen mit diesen wirklich wichtigen Erkenntnissen, nur würde es genau zu gar nichts führen, denn was ist denn, wenn sich so ein Lebensplan ändert? Dann habe ich ganz genau zwei Optionen, entweder, ich mach was daraus oder ich mache einen Riegel vor mein Leben und beschließe, ihn erst wieder zu öffnen, wenn sich der Lebensplan nicht mehr ändert. Nur echt doof, wenn nichts daraus wird.

Worauf möchte ich hinaus? Ganz zu Beginn schrieb ich, dass ich nicht weiß, ob wir uns verändern werden, dass ich das nicht einschätzen kann, was dieses veränderte Leben so mit uns vorhat und was wir daraus machen oder machen müssen. Mittlerweile wissen wir das und es ist nicht immer schön, dass wir uns eingestehen müssen, dass wir uns alle drei verändern, nicht nur zum »Guten« und auch nicht nur Luisa. Und wir es manches Mal nicht schaffen, allen gleichwohl gerecht zu werden, wenn wir sie mit unserer direkten Art, die wir mittlerweile auch »erworben« haben, »schockieren«, sie vor den Kopf stoßen, uns lösen von Menschen und Dingen, die uns nicht gut tun. Von »hätte«, »könnte«, »sollte« und »Prozessentwicklung« sind wir gerade weit entfernt. Das ist manches Mal die reinste Sortiererei im Kopf, allerdings bringt sie ja die Lösungen meist auch hervor und von daher sortiere ich gern auch einmal öfter. Nicht zu oft, weil das kann auch stressig werden.

Weniger stressig und liebend gern hatten sich alle Verantwortlichen (Ärzte, Vertreter der Krankenkassen, Betroffene, Angehörige der Betroffenen, Selbsthilfevereine usw.) sowie alle Besucher am letzten Tag im Februar in unserer Universitätsklinik zum »Tag der Seltenen« zum Showdown von jenen vielen roten Luftballons lösen wollen, als sie sie hoffnungsvoll in die Lüfte entließen. Jeder einzelne stand für etwas Einzigartiges, nämlich für die Hoffnung und den Glauben an Heilung. Jeder einzelne stand auch für die Chance, in dieser, unserer Gesellschaft Beachtung zu finden. Jeder einzelne stand vielleicht auch für eine Träne einer Mutter, eines Vaters, eines Angehörigen. Jeder einzelne stand für ein Lächeln, ein zauberschönes Lächeln, wie es uns Luisa jeden Tag schenkt und mit dem sie uns so glücklich macht.

Premiere für den Tag der Seltenen Erkrankungen. Was heißt eigentlich seltene Erkrankung? In Vorbereitung auf die Veranstaltung recherchierte ich nochmals ausgiebig und definierte schließlich in einem Satz: »Eine Erkrankung gilt als selten, wenn nicht mehr als 5 von 10.000 Menschen das spezifische Krankheitsbild aufweisen.« Das ist erst einmal eine Aussage, mit der man umgehen lernen sollte. Irgendwann muss man darauf kommen, dass man selbst dazugehört. Die Erkenntnis ist hart, aber ebenfalls selten. Und so wird irgendwie eine ganze Menge in diesem Leben selten. Aber wenn sich ganz viele Menschen an so einem Tag zusammenfinden und über ihr Leben reden und mit wiederum anderen Menschen darüber reden können, wie ihr Leben, welches so selten ist, noch mehr Lebensqualität erlangen könne, wenn aus ‚chronisch selten‹ der Slogan ›wunderbar selten‹ wird, dann müssen wir zusammenkommen und den Seltenen eine Stimme geben. Denn zusammen sind wir viele!

Es fällt mir schwer, meine Eindrücke in Worte zu fassen, denn es gab so einiges, was mich an diesem Tag überrannte und wenn ich darüber nachdachte, was Menschen für Schicksale auferlegt werden und die wesentlich bedeutsamere Komponente, was sie aus diesem Schicksal alles herausholen. Unglaublich!

Wir NPCler waren gut aufgestellt an diesem Tag und wurden zu Vorträgen zu unterschiedlichen Themen an die Universitätsklinik eingeladen. Das ist nicht selbstverständlich und ich bin immer noch sehr mit Stolz erfüllt, wenn ich mich an die ersten 45 Minuten erinnere, welche unseren Betroffenen gewidmet waren, um aus ihrem bewegenden Leben zu berichten. Später kamen Dirk und Luisa auf ein kurzes »Hallo« vorbei und Luisa saß in diesem riesigen Hörsaal auf diesem für sie übergroßen Stuhl und grinste vor sich hin. Das fand sie toll!

Parallel zu den Vorbereitungen zum Tag der Seltenen erreichte uns eine Anfrage von den Medien, ob wir bereit wären, einen Artikel über Luisas Erkrankung entstehen zu lassen und unser Leben mit ihr zu schildern. Die nette Autorin kam von Focus Online und war sehr freundlich und interessiert. Wir lernten einander kennen, telefonierten zusammen. Sie schickte einen ersten Entwurf des Artikels. Ich durfte mit verändern und ich tat es. Sie schickte einen zweiten Entwurf. Sie schickte einen dritten Entwurf, der jetzt so aussieht http://www.focus.de/gesundheit/ratgeber/seltenekrankheiten/serie-seltene-krankheiten-niemann-pick-wenn-kinder-symptome-zeigen-wie-greise_id_4485425.html und mit dem wir sehr zufrieden sind. Er erschien abends am Tag der Seltenen Erkrankungen und war für knapp 24 Stunden auf der Front von Focus Online zu sehen. Da grinste uns unser Luischen an und wir lösten uns wieder ein Stückchen von dieser ganz normalen Normalität, denn auch diese Erfahrung ist eine eher seltene, wenngleich gute für uns.

Die letzten vier Wochen waren wirklich sehr aufregend und viele interessante und wichtige Baustellen konnten geräumt werden und zum Vorschein kam etwas Wertvolles, nämlich Erfahrung. Einige andere Baustellen wurden eröffnet, um etwas Neues entstehen zu lassen.

Eine Baustelle war im Übrigen auch meine Seele. Das hatte ganz unterschiedliche Gründe. Die letzten Wochen waren sehr emotional und dummerweise fing es an, sichtbar zu werden und ich bekam wirklich sichtbar stressige Haut. Als eine liebe Seele mir die »Wohl oder Übel Variante« von »Du musst der Tatsache ins

Auge blicken, du gehst auf die 40 zu!« vermittelte, war ich geknickt und suchte die Douglas-Frau meines Vertrauens auf, damit sie Erste Hilfe leisten konnte! Und sie leistete. Neben meiner prall gefüllten Einkaufstasche, in welcher sich allerlei Cremes, Ampullen und mancherlei überflüssiges Zeugs befand, leistete sie seelische und moralische Unterstützung, indem sie, verkaufstechnisch außerordentlich geschickt, mit dem Spruch des Tages an mich herantrat:

SIE: »Sagen Sie, tragen Sie etwas mit sich herum? Sie wissen schon, dass der Kopf (also die Gedanken in ihm) die Seele der Haut widerspiegelt, oder?«

ICH: »Ähm, nein, hatte ich bis jetzt noch nicht gewusst, aber jetzt wird mir **alles** klar. Vielen Dank für die Beratung und einen angenehmen Tag noch!«

SIE: »Wenn Sie die Produkte nicht vertragen sollten, bringen Sie sie einfach wieder zu mir zurück! Schön, dass wir uns kennen lernen durften! Einen tollen Tag wünsche ich Ihnen und bis in einer Woche zur Hautanalyse!«

Ich suche seitdem eine andere Filiale auf (bei der verabredeten Hautanalyse war ich nie). Neulich musste ich erneut in eine Filiale. Das Gespräch verlief allerdings so:

SIE: »Wann hat sie denn Geburtstag?« (Geburtstagsgeschenk für meine fast gleichaltrige Cousine! Sie fast 42! Ich fast 36!)

ICH: »Wen meinen Sie?«

SIE: »Sie sagten, es sei ein Geburtstagsgeschenk!«

ICH: »Ach ja, das ist für meine Cousine! Ende März!«

SIE: »Wie alt wird Ihre Cousine denn? So wie Sie ungefähr? Anfang 30?«

ICH: »Fast!«

Ich grinste und gehe bestimmt nächste Woche wieder zu Douglas. Die sind da aber auch echt nett und so authentisch und kein bisschen glamourös. Ich mag das.

»Mami, du bist hübsch!«

Einmal im Jahr findet in der Kita der so genannte »Mamitag« statt. Das ist, wie der Name es annehmen lässt, ein Nachmittag nur für die Mamis. Der diesjährige Text auf der Einladung ließ vermuten, dass viele tolle Überraschungen auf uns warteten. Auch sprach man in der Einladung von ZEIT, ZEIT miteinander verbringen. Ein Begriff, der uns mittlerweile aufschrecken lässt, weil diese ZEIT uns davonläuft. Das macht uns Angst. Es ist eine so erstickende, im Hals feststeckende, immer wieder entflammbare und nicht zuletzt eine mich persönlich erwürgende Angst.

Ich war ab 15 Uhr ebenfalls eine »waschechte« Mami, was ich zwar auch immer tagsüber in der Kita bin, aber ich bin gleichzeitig auch in erster Linie für die anderen Kids da und das ist auch wirklich gut so, denn für unser Luischen sind wieder andere Menschen am Start, die sie mittlerweile sehr gut kennen gelernt haben und auf ihre Wünsche und Bedürfnisse mit Engagement eingehen. Wir Mamis wurden mit einem tollen Frühlingslied empfangen und dann starteten wir zusammen mit noch zwei anderen Freundinnen und deren Mamis diesen fantastischen Nachmittag! Als ich mit Luisa noch vor einem Jahr die Kita unsicher machen wollte, war sie zu kaum einer Aktivität zu bewegen.

Dieses Jahr begannen wir direkt mit einer verwöhnenden Handmassage. Danach verwandelte Luisa meine Fingernägel in wahrhaftige Gemälde und ließ sie in der gesamten Farbpalette erstrahlen. Weiter ging es zum Mami-Kind-Freundschaftsarmbänder-Basteln. Wir steckten abwechselnd Perlen und Holzteile auf eine Schnur, sodass wir letztlich ein einzigartiges Armband für Luisas winziges Handgelenk entstehen ließen. Das nächste Highlight ließ nicht lange auf sich warten und wir säten Kresse in ein altes Gurkenglas, gestalteten es liebevoll, schauten uns mit dem selbst gebastelten Taschenlampenbuch Luisas gemalte Kunstwerke an und machten dann erst einmal eine Pause. Die war zum Essen und Trinken gedacht und das taten wir dann auch.

Und ich hatte die gesamte ZEIT mit Luischen verbracht, sie beobachten können, sie anschauen können, sie lieb haben können, sie trösten können, wenn etwas nicht gleich gelingen wollte, sie an die Hand nehmen können, ihr meine ZEIT schenken können. Das war so sehr wertvoll, dass ich mir dessen bewusst wurde, als ich die eine oder andere Mami beobachtete, die diese wertvolle Erkenntnis nicht hatte. Das, so haben wir erkannt, können wir nur noch schwer erdulden. Menschen, die sich dessen nicht wirklich bewusst sind, was sie verschenken. Wertvolle ZEIT!

Es gibt einen Spruch: »Man weiß erst, was man verloren hat, wenn man es nicht mehr bei sich hat.« Wir wissen, dass wir unseren allergrößten Schatz verlieren werden, wenn nicht noch ein Wunder geschieht und darum heißt es, ZEIT gewinnen, indem wir ihr nicht hinterher jagen, sondern sie genießen, Sekunde für Sekunde und uns jeden Tag zusammen schenken. Es ist tatsächlich mitunter ein Leben auf ZEIT geworden, wenn gleichwohl es so viel intensiver zu sein scheint. Es ist jeden Tag auch ein Abtauchen in die Bedingungslosigkeit, ein Abtauchen in die bedingungslose Liebe zu unserem Kind, was uns einmal noch so sehr brauchen wird. Jetzt gerade eigentlich am besten gar nicht. Auch das genießen wir, denn es fühlt sich nach »etwas mehr normal« an und auch das brauchen wir ab und zu.

Genießen, das taten wir an diesem Nachmittag in vollen Zügen und bis zum Schluss. Beim FUN-Fotoshooting war es dann noch einmal total witzig und da Luisa, so hübsch sie auf dem ein oder anderen Foto ausschaut, Kameras hasst, gab es tatsächlich noch eine regelrechte FUN-Party extra Deluxe in XXL für Luisa. Die Fotografin wollte das perfekte Foto und dank des unermüdlichen Einsatzes einiger Animationsmamis lachte Luisa, was das Zeug hielt und wir bekamen das Foto!

An dieser Stelle möchte ich den vielen Mamis DANKE sagen, die jede Geburtstagsparty, jeden Spielnachmittag, die Luisa mit ihren Freunden verbringen darf, als selbstverständlich ansehen und keinesfalls mit Ängsten begegnen. Jene, die sie gern haben, gerade weil sie so ist, wie sie ist und eine Courage an den Tag legen, die selbst mir manches Mal Tränen verschafft.

Luisa und ich sagen auch DANKE an all diejenigen, die solche Tage für uns entstehen lassen. So ganz intime, die uns beiden ein seliges Lächeln aufs Gesicht zaubern. Übrigens meinte Luisa so ganz von Herzen am Morgen des Mamitages, mir die Haare zerzausend und über die gemachten Wimpern fahrend: »Mami, Du bist hübsch!«

Danach knutschte sie meine Wange und was folgte dann wohl? Richtig, ich trug die Wimperntusche neu auf. Der sturzflutartige Tränenbach machte nämlich auch in diesem Moment vor mir nicht halt und ich sagte zu ihr: »Ich liebe Dich!«

Wackelzähne im APRIL

Luisas großer Traum ist gerade ein Wackelzahn...Nur wackelt noch keiner! In wackligen Momenten fasst sie ihr gesamtes Gebiss an und wackelt hin und her ...
Mama: »Luischen, da wackelt noch keiner!«
Luisa: »Doch, fass mal an, da hinten! (sie meint den Backenzahn!)«
Mama: »Meistens ist das so, dass erst die vorderen Zähne wacklig werden und dann rausfallen! Erst die Schneidezähne! Bei mir war das auch so!«
Luisa: »Nein Mama, bei mir wackeln die hinten zuerst und erst im Sommer fallen die dann raus, wenn ich Geburtstag habe...!«
Mama: »Ok, wenn du das sagst...Ich mische mich da jetzt nicht mehr ein!«
Luisa: »Mama, glaub mir!«
(Anmerkung: Gut ein halbes Jahr später wackelten die zwei oberen Schneidezähne mit einem Mal.)

Tücken des Alltags oder wie ein Wort eine Haltung verändern kann

Wer kennt es nicht? Sonntagmorgen. Der geliebte, »heilige« Sonntagmorgen. Keiner möchte freiwillig aufstehen und niemand möchte freiwillig den Tisch decken. Es ist Kuschelzeit und zwar für alle Familienmitglieder, außer für unser Luischen. Wir wissen bis heute nicht, was sie nach dem Wachwerden so eiligst nach draußen zieht, auf jeden Fall bleibt immer nur bedingt Zeit für die Portion Kuscheln zu dritt, die sie uns dann doch gönnt.

Es war wieder sonntags. Wir waren schon dabei, so gegen acht Uhr unsere Zelte abzubrechen, da überraschte Luischen mit einer Aktion, die es so vorher noch nie gab: »Mami und Papi, ihr bleibt hier liegen und ich decke den Tisch!« »Ok«, dachten wir, »sie deckt den Tisch und wir bleiben gespannt noch etwas liegen.« Wir schauten uns noch einmal an und dachten dasselbe: »Wie selbstständig!« Nun ist das mit einem etwas besonderen Kind wie es unseres ist, sprich ein Kind mit einer umfassenden Bewegungsstörung, nicht ganz so tiefenentspannt, wie die meisten von Ihnen das kennen, denn wenn es gilt, etwas von A nach B zu transportieren, kann es in Sekundenschnelle sehr laut und sehr scherbig werden.

In diesen Momenten muss man ganz genau wissen, was man möchte. Möchten wir unser Kind vor einer Niederlage bewahren, weil wir wissen, dass es laut und scherbig werden wird – demzufolge helfen wir unserem Kind. Oder schenken wir ihr unser Vertrauen, akzeptieren auch laut und scherbig, und versuchen alles, uns so zu verhalten, dass unser Kind ein paar Missgeschicke gar nicht als Niederlage empfindet, sondern eher stolz ist, etwas gepackt zu haben.

Ich überlegte ganz flott, wie wir das umsetzen könnten, ihre Eigenmotivation aufrechtzuerhalten und die Situation nicht kippen zu lassen. Sie begann, akribisch die Teller und Tassen auf den Tisch zu jonglieren und als nach einer Weile mein Herzschlag womöglich doch zu laut wurde, weil sie mit den Messern rannte und ich kurz meine Stimme erhob, hatte Luischen schon etwas die Lust verlassen, wäre mir da nicht noch ihr Puppenwagen eingefallen. Ich schlug ihr vor, allerlei Marmeladen, die Brötchen, Wurst und Käse nacheinander mit dem Puppenwagen zu befördern, was sie für eine »... wirklich coole Idee...« hielt und sie brachte eine Fuhre nach der anderen an den Frühstückstisch. Als unser Spiel sich dem Ende neigte, parkte Luisa den Puppenwagen und befand den fertigen Tisch als »... schön oder, Mami?« Das Frühstück schmeckte sensationell, aber Abräumen war dann unser Job.

Ein paar Tage später in der Kita zog mich ihre Betreuerin zur Seite und sagte mir, dass Luisa in den letzten Tagen wirklich gut mitziehe und sie stetig nach vorn gehe und sehr selbstbewusst erscheine. Am Mittagstisch z. B. hätte Luisa zu ihr gesagt, dass sie diesen leeren Teller, der vor ihr stünde, nicht braucht, da sie einen anderen Teller bekommen würde. Daheim fragte mich Luisa, ob ihre Betreuerin das nicht wüsste (»Weiß sie das nicht, Mama?«).

Was Luisa in den letzten Wochen ebenfalls verinnerlicht hat und darauf sind wir wirklich sehr stolz, ist das Bewusstsein dafür, dass sie scheinbar etwas anders gestrickt ist. Nicht, dass sie das nicht schon längst im Alltag bemerkt hätte, denn sie klettert keine Gerüste hinauf, sie balanciert nicht freihändig auf Baumstämmen und sie weiß, dass sie an den Treppen warten muss und dass sie täglich »...morgens zwei und abends zwei Tabletten nehmen [muss], wie Opa...«. Das ist ein wirklich sehr bemerkenswerter Umgang mit der Erkrankung, wie wir finden. Ebenfalls bemerkenswert ist der Durchbruch, Luisa aktiv in Angebote der Kitagruppe einbinden zu können, weil sie es tatsächlich geschafft hat, aus eigener Motivation heraus, sich für die Aktivitäten zu begeistern. Mal mehr, mal weniger. Das Ergebnis sei einmal zweitrangig und überhaupt, wer arbeitet denn heute noch ergebnisorientiert?

Als ich Luisa eines Abends duschen wollte und ein zartes, aus Wollfäden gedrehtes Armband von ihrem Handgelenk streifen wollte, meinte sie zu mir: »Nein Mama, meine Erzieherin hat gesagt, die Armbänder bringen Glück. Das muss dran bleiben!« Und so blieb es selbstverständlich an ihrem Arm und zwei Tage später hatten wir schon zwei Armbänder! Die werden jetzt abwechselnd nass und ja, sie erträgt das, gut sogar.

In der vergangenen Woche war Osterhasenparty in der Kita und die Kids bastelten sich witzige Osterhasenohren. Bevor Luisa mit ihrer Gruppe zum Essen ging, sollten alle Kinder die Ohren in die Garderobenfächer bringen. Luischen war, weil langsamer als der Rest, die Letzte in der Garderobe. Ich war auch da, aber das wusste sie nicht und ich versteckte mich gut genug, um sie zu beobachten. Ihre beiden Garderobenfächer waren besetzt. Mir sprang gleich »Lass sie tun, was sie tun muss!« in den Sinn und gleichzeitig dachte ich mir, lass sie jetzt bloß nicht aus dem Auge. Ich war ein wenig hin und her gerissen und hielt mich dennoch zurück. Gut war das, denn Luischen benutzte ihr cleveres Köpfchen und stellte erst ihre Schuhe unter die Bank, sodass für die Ohren im Fach Platz war.

Einen Tag zuvor stand beim Kindersport ebenfalls alles unter dem Motto »Rund ums Osterei« und ein Spiel war der legendäre

Eierlauf. Ich steh ja ein bisschen auf diese alten Kinderspiele, weil sie sehr einfach und überall einsetzbar sind. Jedes Kind transportierte mit großem Geschick das Ei von Linie zu Linie und gab erst bei den letzten drei Metern des finalen Einlaufs Gas. Gar nicht so unser Kind. Es rannte von Anfang an mit dem Ei in der linken und dem Löffel in der rechten Hand in einem Affenzahn von Start zu Ziel und lachte dabei herzlich. Ich glaube, das nennt man Handlungsplanung.

Stichwort Handlungsplanung, Geschick, Motivation, Arbeitstempo, Selbstständigkeit und ich könnte noch etliche Begrifflichkeiten aufzählen, die besonderen Kindern in den ein oder anderen Momenten »angehängt« werden, denen sie nicht »normgerecht« entsprechen. Aber all diese kleinen Anekdoten verraten einem doch, dass es anders ist. Das es durchaus »leistbar« sein kann, wenn es Menschen gibt, die diesen Kindern zuhören, ihnen die Zeit lassen, die sie benötigen und einmal mehr einfach ihre Portion Studium an den Haken hängen und sich mit ihrem Menschsein auf dieses Quäntchen »besonders sein« auf Luisa und all die anderen einlassen. Es sind genau diese Momente, in denen ich Luisa in ihrer Malschürze zusammen mit den anderen Kids erlebe, wie sie etwas gestalten und sie zu mir sagt »Guck mal, Mama! Schön, oder?« Wo mir das Herz vor Freude stehenbleibt und ich mir denke, »Ja, du kannst loslassen, du kannst ihr vertrauen, du weißt, sie wird ihren Weg gehen, auch wenn er sich steiniger und holpriger anlassen wird, als jener, den wir für sie planten ...« Welcher das sein wird, wird uns Luisa sagen. Und ja, ich kann und muss auch anderen Menschen vertrauen, den meisten zumindest, in deren Hände ich unseren allergrößten Schatz entlasse.

... und wenn irgendwann aus Integration Inklusion in den Köpfen entsteht, dann wurde vielleicht mehr als nur ein Wort verändert...Und wenn irgendwann auch noch die dafür vorgesehenen Rahmenbedingungen geschaffen werden, dann kann man von einem wirklichen Erfolg sprechen ...

Von Ohnmacht und allem, was einem dazwischen begegnet

Wie heißt es so schön? Wenn Kinder krank sind, sind die Eltern auch grundsätzlich mit krank. In diesem unseren Fall krank vor Sorge. Ausnahmsweise mal nicht wegen NPC, diesmal nicht. Luisa war die vergangenen zwei Wochen mit einem wirklich unschönen Virusinfekt ans Bett gefesselt. Es fing alles ziemlich harmlos an einem Montag an. Sie schniefte ein wenig und nieste ganz oft, so fängt es halt an. Wir dachten uns nichts Böses, da wir von Luisa in dieser Richtung all die Jahre wirklich verwöhnt wurden. In den letzten zwei Jahren war sie gesundheitlich so stabil wie nie, bis zum heutigen Tag. Und nun nahm das Schicksal seinen Lauf. Von Fieber geplagt, verbrachte unser Luischen den gesamten Tag auf der Couch. Sie stand nicht auf, aß nichts, sprach nicht.

Um Himmels willen, dachte ich... Das fühlte sich nicht gut an und machte uns einmal mehr deutlich, was da irgendwann auf uns zukommen könnte, geschieht nicht bald ein Wunder, sodass unsere Kinder das Leben leben können, was sie verdient haben. Nämlich eines, ohne diesen Feind in ihrem Körper, ohne die vielen tagtäglichen Enttäuschungen, die ein NPC Leben so mit sich bringt, ohne immer nur zu kämpfen und ohne immer nur stark sein zu müssen. Und vor allem ohne diese Ungewissheit, nicht zu wissen, wann dieses momentan noch ziemlich glückliche Leben vorbei ist. In all meinem Gedankenwirrwarr sollte am Folgetag wieder die Sonne scheinen.

Wir \`besuchten\` unsere Kinderärztin. Luisa war ein Engel auf Erden und wir kuschelten im Wartezimmer mit ihrem hochroten heißen Kopf und kamen alsbald an die Reihe. Die Ärztin war sehr offen für meine Anliegen und wie so oft besprachen wir in der Kürze der Zeit ein paar alltägliche Sorgen und Nöte von Eltern und sie war großartig und zeigte stets Entgegenkommen und uns gegenüber größte Anerkennung bezüglich des Umgangs mit Luisa und ihrer Erkrankung. Muss man ja auch mal sagen, dass dies Balsam für die Seele ist so eine Haltung. Und manches

Mal darf die Angst die Seele einfach nicht auffressen und da kam das verständnisvolle Gespräch an dieser Stelle wie ein Segen. Sie verschrieb uns noch ausgegangene Medikamente und wir verabschiedeten uns.

Wir zwei stolperten zur Tür hinaus und ich musste noch wirklich sehr lange über diese Begegnung nachdenken. Sie schien mir im Nachhinein wie der Schlüssel zu einer großartigen Erkenntnis. Solange ich mit unserem Leben andere Seelen berühren kann, solange uns unsere Familie den Rücken stärkt, Freunde Tag und Nacht für uns da sind und Luisa die Kraft hat, ihr Leben noch selbst zu bestimmen, solange kann meine Ohnmacht, die ich in unserer Zukunft wäge, erstickt werden. Ich kann diese Gefühle jetzt (noch) nicht gebrauchen, obwohl sie sich gerade in dieser sehr akuten Erkrankungsphase schier breit machten in meinem Kopf und vor allem in meinem Herzen. Das zieht sich dann immer so zu und ich rede plötzlich nicht mehr. Das passiert mir nicht so oft.

Zwei Wochen der absoluten Pflege und des Aufpäppelns liegen hinter uns. In den etlichen Momenten, in denen sich Luisa »gesund« schlief, stellte ich einen Antrag nach dem nächsten. Im Übrigen den Antrag auf Feststellung von Behinderungen (Ausweis über die Eigenschaft als schwerbehinderter Mensch (!) – diskriminierender geht's ja kaum) nun bereits zum zweiten Mal. Das Ergebnis bleibt abzuwarten.

Was soll ich sagen, so schnell benötigen wir diese Viren nicht wieder. Seit gut zwei Tagen flitzt Luischen wieder im Garten herum, erzählt uns Geschichten, zum Beispiel, wie sie heute mit Oma und Opa zu spät zum Renntag erschien und alle Pferde schon wieder verladen wurden und so ein bisschen frech ist auch schon wieder dabei, aber das haben wir auch sehr vermisst.

Schön, dass es so viele positive Menschen gibt, die uns nicht ohnmächtig werden lassen. Denn davor hab ich wirklich Angst.

Ohrenschmerzen im MAI

Luisa kocht und backt für ihr Leben gern … Woran das nur liegt???
Sie kocht in ihrer Kinderküche und rührt dabei Kastaniensuppe, ssseeehhhrrr LAUT …
Mama: »Luisi, kannst du bitte etwas leiser rühren?«
Luisa: »Warum denn, Mami?«
Mama: »Weil, wenn du so laut rührst, bekomme ich Ohrenschmerzen!«
Luisa: »Dann halte dir doch die Ohren zu!«

MaiZeit

Heute vor genau einem Jahr habe ich die Kostenpauschale für unser erstes Jahrestreffen der Selbsthilfegruppe in Kassel überwiesen. Mit welchem Gefühlschaos im Kopf wir dort anreisten, hatte ich an anderer Stelle schon einmal beschrieben. Eine Woche nach diesem Treffen begann ich, unser Leben aufzuschreiben. Es ist ein Jahr vergangen. Zeit für einen kleinen Rückblick, wie ich finde. Zeit, um inne zu halten und um zu erkennen, was alles in nur einem Jahr, einem so kostbaren Jahr mit unserer Luisa zusammen geschehen kann. Der ganz große Wahnsinn daran ist, dass es mir überhaupt nicht wie nur ein Jahr vorkommt, sondern wirklich schon wie sehr viele mehr. Warum? Das fragte ich mich jetzt schon tagelang. Warum ist das so? Weil so viel geschehen ist? Oder weil viele Dinge Prioritäten erlangt haben, die es davor nicht gab?

Oder ist die Antwort viel einfacher, viel deutlicher? Ja, ist sie. Wir haben gelernt, zu leben, zu genießen, Dinge nicht aufzuschieben.

Wir wissen nach gut zwei Jahren mit Diagnose, was es heißt, den Moment einzufangen. Wir denken, wir leben am Limit, ganz häufig, mal mit, mal ohne Bedacht. Es sind die kleinen Dinge im Leben, die es so grenzwertig erscheinen und gleichzeitig unser

Herz tanzen lassen. Zum Beispiel, wenn uns Menschen verlassen auf unserem Weg. Wenn wir erkennen, dass wir uns verändern, weil wir es müssen, nicht, weil wir es wollen.

Oder wenn Luisa einmal zu oft am Tag einen Wutanfall bekommt und wir ohnmächtig darauf reagieren müssen, weil wir nicht wissen, warum dies jetzt geschieht. Oder wenn es Luisa immer noch nicht gelingt, einen Menschen mit mehr als acht Merkmalen zu zeichnen, weil es ihr vielleicht niemals gelingen wird, da ihr schlichtweg die Kraft fehlt.

In diesen Momenten heißt es Stärke beweisen, Ruhe bewahren, negative Momente aushalten, um die vielen positiven noch heller und strahlender werden zu lassen. Dann nämlich, wenn sie sagt: »Mami und Papi, ich liebe Euch!« oder uns mittlerweile ganze Vorträge über Pferde hält oder uns erzählt, dass man in der Schule das ABC lernt und auch Rechnen und sie jetzt noch ein Jahr in der Kita ist und sie dann in die Grundschule kommt. In all diesen Augenblicken erscheint sie uns wacher, als je zuvor. Dieses Gefühl ist unbezahlbar und in letzter Zeit keine Seifenblase mehr.

Wir schieben immer öfter alle komischen Gedanken beiseite und schicken sie auf die Reise in ganz ferne Länder, so wie seinerzeit an jenem Frankfurter Flughafen, wo sich tausende Menschen auf die Reise machten. Da starteten und landeten die Flugzeuge im beachtlichen 3-Minuten-Takt und ich schmuggelte mich in jedes einzelne an Bord und schickte all die schlechten Gedanken auf Mittelstrecken und die richtig schlechten, also die Miesesten der Fiesen, die schickte ich ans andere Ende der Welt. Und so flog ein Gedanke nach dem anderen davon, weit weg von uns. All die schönen, die landeten, die empfingen wir, einer wertvoller als der andere. Ich nahm, soviel ich tragen konnte und schloss sie in den Kofferraum unseres Autos ein.

So ergeht es mir in den letzten Tagen erneut, wenn ich auf unser zweites Jahrestreffen der Selbsthilfegruppe blicke. Mir schwirren abermals, wenngleich nur ein paar wenige, dunkle Gedanken durch den Kopf und mit Verlaub, das sollen sie auch, denn ich bin davon überzeugt, dass so ein Leben niemals verarbeitet ist. Ich denke vielmehr, dass wir mittlerweile mit unserem

Leben »umgehen« können, was den Umgang und die Sicht auf uns und das Leben, welches für uns stattfinden darf, anbelangt. Neben den wenigen dunklen Gedanken geht der Wettertrend in meinem Kopf in diesem Jahr allerdings ganz klar gen Sonnenschein und hin zu null Prozent Regenwahrscheinlichkeit. Ich freue mich riesig auf unser nächstes Wochenende, auf all die fabelhaften Begegnungen und werde eine stolze Luisamami sein und das nicht nur, weil Luisa in diesem Jahr wieder auf dem Trampolin springt. Ich trage Stolz in mir, weil ich jeden Tag sehe, wie sie kämpft und sie uns sagt, dass wir diesen Kampf für sie weiter austragen müssen. Und das werden wir, denn die Forschung ist auf einem bahnbrechenden Weg, nicht zuletzt durch die vielen Selbsthilfeorganisationen weltweit! Es ist Zeit, nach vorn zu blicken, es ist Zeit, den gemeinsamen Weg weiter zu ebnen und es wird Zeit, dass dies noch mehr Menschen erkennen.

Ein paar tolle Lebensmomente für jeden Einzelnen und die Erkenntnis, dass diese nicht immer selbstverständlich sind, das wünsche ich mir.

Im JUNI drei Tage

Luisa ist bald in der Kita im ABC Club…Der Termin für alle Schulanfänger … Ich frage sie nach Alter, Adresse, Geburtstag usw.
Mami: »Süße, wie heißt die Stadt, in der wir wohnen?«
Luisa: »Na, Magdeburg …«
Mami: »Prima und weißt du auch schon, wann du Geburtstag hast?«
Luisa: »Mami, im Juuuuuuuuuuuuuniiiiiiiiiiii!«

Deine Träne, Mami…

»Heute war Mami traurig, so richtig mit Tränen. So oft hat meine Mami keine Tränen, aber wenn dann so ein Tag wie heute ist, hat sie ganz viele. Sie hört dann eine ganze Weile nicht mehr auf zu weinen und manchmal ist dann auch ihr T-Shirt oder ihre Hose ganz nass, von den vielen Tränen. Ich weiß manchmal gar nicht so richtig, warum sie so viel weint. Wegen meinem Schnupfen? Oder weil ich manchmal ein bisschen frech bin? Oder vielleicht, weil ich gerade so viel flitze und sie Angst hat, dass ich hinfalle? Aber Mami, da brauchst du wirklich keine Angst haben, weil ich kann ja einfach wieder aufstehen und dann laufe ich weiter. Vertrau mir!

Vielleicht hat sie heute so viel geweint, weil ich wieder ein wenig der Spielverderber war. Sie gibt sich immer viel Mühe, mit mir Spiele zu spielen. Mami sagt, ich bin ein Vorschulkind und komme bald in die Schule und die Lehrerin möchte dann wissen, was ich alles schon kann. Heute hatte ich überhaupt keine Lust auf Zahlen. Außerdem will ich auch nicht immer irgendwas üben! Mami, sei nicht traurig, ich kann das mit den Zahlen und dass ich sie nicht gleich erkenne, liegt auch manches Mal daran, dass meine Augen so müde sind. Sei nicht so streng mit mir! Ich bin doch genau richtig, wie ich bin, das sagst du immer, also verbiege mich nicht! Ich gebe mir immer Mühe, aber manchmal bin ich einfach zu müde. Eigentlich weißt du das doch alles.

Mami, es ist egal, in welche Schule ich gehe. Ich kämpfe jeden Tag um mein Leben und ihr seid meine Anführer, ich weiß, dass ihr das richtig entscheiden werdet und ich verspreche euch, ich werde glücklich, solange du nicht traurig bist, Mami!

Mami, vielleicht warst du auch traurig, weil ich diese vielen Wutausbrüche heute hatte, aber soll ich dir was sagen? Es ist ganz schön anstrengend, wenn ich Papi, dich oder wen auch immer den ganzen Tag fragen muss, ob ihr mir helfen könnt. Das mag ich nicht, weil ich die Dinge allein schaffen möchte. Ich möchte, dass ich Zeit habe für all die Dinge, bei denen ich mehr Zeit benötige. Bitte werde du nicht auch noch wütend, wenn ich schon wütend bin! Ich brauche euch doch! Auch wenn ich es nicht immer sagen kann.

Ich sehe deine Tränen, immer, auch wenn sie nicht da sind, weil du dann immer gar nicht mehr lachst. Aber ich lache so gern mit dir und am meisten, wenn du mich auskitzelst. Ich bin so tapfer und weine nur ganz selten, weil ich weiß, dass sonst dein Mamiherz noch mehr weint. Ich bin glücklich, wenn du es bist. Mami, wisch die Träne weg und komm lachen!«

Löcher in den Zähnen und Honig in der Sporttasche

Seit geraumer Zeit besuche ich ein Fitness-Studio, nur für Frauen. Das ist ein nettes kleines Studio, wo man sich gelegentlich trifft, um sich fit zu halten. Frauen jeden Alters verabreden sich für den Bauch-Beine-Po Kurs oder für die ein oder andere Body-Balance-Einheit. Für absolut jeden ist etwas dabei und auch um jede Altersgruppe sorgen sich die freundlichen Fitnessberater. Eine Morgens, das Studio war keine zehn Minuten geöffnet, traf ich in der Umkleide auf eine Reihe Damen im fortgeschrittenen Alter. Sie tauschten Honig von einem Imker aus der Region und schwörten auf die besondere Qualität des süßen Aufstrichs. Dann zogen sie sich ihre Trainingssachen an und begaben sich in ihre Kurse oder auf ein Fahrrad.

Ich tat das gleiche und dachte, was wohl sein würde, wenn wir so alt geworden sind? Ob unsere Luisa noch bei uns sein wird? Ob sie auch ihr Leben in Würde leben darf, so wie es dem Anschein nach diese älteren Damen tun? Werden wir für Luisa diese Stütze sein müssen, die es eigentlich im Leben anders herum gilt? Wird Luisa einmal in Würde altern dürfen? Oder wie kann ich mir das vorstellen? Oder sollte ich mir das besser gar nicht erst vorstellen? Ich entließ die Fragen bei einem Hit vom Schlagerparadies, welchen sich die flotte Dame von der Anmeldung bereits morgens um neun im Radio einstellte.

Einige Tage später ging ich joggen. Es war ganz fabelhaftes Wetter, etwas windig, aber sonnig. Auf der Strecke fuhren viele Radfahrer, verstärkt ältere Radfahrer und sie grüßten mich alle. Sie sagten freundlich »Hallo« und fuhren sehr glückselig an mir vorbei. Ich fragte mich, ob ich, wenn ich so alt bin wie sie, ebenfalls so viel Anstand in mir tragen würde, wie sie es taten. Ich war wirklich begeistert, wie fit diese Radfahrgemeinschaft war und wie man in ihren Gesichtern für einen Bruchteil das Leben mit ihren ganz eigenen Geschichten lesen konnte. Und abermals fragte ich mich, wo denn mal Luisas Geschichte enden würde und ob sie ebenfalls so würdig in ihrem Gesicht stehen würde?

Das mit der Würde und Ehre für ihr Leben, so stellte ich fest, ging mir seit diesen seltsamen Begegnungen nicht mehr aus dem Kopf. Ich war erneut im Fitness- Studio meines Vertrauens und wollte nach dem Training duschen. Die Dame am Schrank neben mir war bereits wieder adrett gekleidet und beobachtete mich aus dem Augenwinkel. Erst vergaß ich mein Handtuch in meinem Schrank, dann meinen Schlüssel an meinem Schrank und zuletzt fiel mir vor lauter Kraftlosigkeit mein Duschbad aus der Hand. Die ältere Dame schmunzelte jedes Mal und meinte dann schließlich: »Irgendwann fängt das alles an, aber Sie haben wirklich noch eine Weile Zeit!« Da war es wieder. Es brauchte gar nicht mehr viel der Worte, als sie diesen einen Satz sagte, denn er bedeutete doch so viel. Erneut hoffte ich auf einen Schlager aus dem gleichnamigen Paradies, um meine Gedanken in ihm einzutauchen, aber heute gab es einen modernen Sender, der mich zurück in die Realität schleuderte, ins Hier und Jetzt.

Als ich damals mit meinem Opa zu Weihnachten im Wohnzimmer saß und ich ihn stundenlang dazu drängte, mir Geschichten aus seinem Leben zu erzählen, hoffte ich, ihn besser verstehen zu können. Heute weiß ich, was es bedeutet, ein schwieriges Leben zu führen, eines mit ganz vielen Geschichten im Gesicht und auf der Haut. Geschichten, die so oft unter die Haut gehen und die so oft niemand sieht, weil sie ja unter der Haut sind. Dirk und ich stellen uns nie diese eine verheerende Frage. Denn was würde es ändern? Die Frage nach dem »Warum« ist überflüssig, ja beinahe sinnfrei. Trotzdem bohrt sie sich tief in unsere Herzen und hinterlässt ein winziges schwarzes Loch, welches immer mal wieder weh tut, wie so ein Loch in einem Zahn, wenn man zu viel Schokolade gegessen hat.

Manege frei!

Sommeranfang, Luisas Geburtstag. Es ist warm geworden und die Sonnenstrahlen kitzeln unsere Nasen und lassen uns zwischen unseren Schatten hin und her springen. Wir decken am Morgen Luisas Geburtstagstisch zum sechsten Mal und es ist dieses Mal alles ein wenig verändert. Auf dem Tisch mit einigen Geschenken ist es ziemlich pink und auch sonst ziemlich übersichtlich. Sie hat sich ausdrücklich nur ein Buch gewünscht und weiter nichts. Natürlich gibt es noch drei, vier andere Überraschungen. Sie ist immer schon sehr spartanisch mit ihren Wünschen umgegangen, hat nie einen Herzenswunsch zum Ausdruck gebracht und ich habe ganz oft das Gefühl, sie ist mit dem, was sie besitzt, bereits zufrieden. Sie freut sich über ihre Geschenke, dennoch freut sie sich viel mehr über ihren Besuch an diesem besonderen Tag, die Menschen, die sie so liebevoll umgeben.

Unsere Familie spricht nicht oft mit uns über Luisas Erkrankung. Natürlich, wenn es wichtig ist, Absprachen zu treffen sind oder dergleichen, dann gewiss. Ich glaube, sie sprechen nicht, weil sie tief im Herzen weinen und wissen, was sie mittragen, jeder Einzelne von ihnen. Sie lieben sie alle so sehr und trotzdem bleibt der Kloß im Hals. Wie gern würden wir euch sagen, was uns bewegt, aber wir wissen, dass ihr noch trauriger sein würdet, und wir können eure Last nicht auf uns nehmen, denn die unsere ist schwer wie Blei.

Ich sah Luisa nicht oft im Haus an ihrem sechsten Geburtstag, da sie daheim immer noch am liebsten draußen spielt. Sie zeigt dann allen, wie toll sie mittlerweile Tore schießen kann, wie hoch sie sich selbst anschaukeln kann und wie sie als Artistin mit dem Reifen Kunststücke zaubern kann. Dann müssen alle zuschauen, wie in einer Zirkusvorstellung in der Manege, und dann verbeugt sie sich und wir klatschen ganz lange. Das findet mein großes Mädchen toll. Ja, stolz sind wir auf dich, weil du täglich dein Gleichgewicht finden musst und niemals auch nur ein böses Wort wirklich böse verwendest. Du machst vor niemandem Halt, nur weil er kurze oder lange Haare hat, dick oder dünn ist, klein oder groß. Du gehst deinen Weg, meist mittig, nie nur zu einer Seite. Das ist es, was dich so wunderbar macht und das ist es auch, was dich noch etliche Jahre begleiten soll.

Kraft, Mut und Vertrauen

Ich wünsche dir die Kraft, die es braucht, deine Last zu (er) tragen. Ich wünsche dir Mut, um diese Last anzunehmen und ich wünsche dir Vertrauen in dich selbst, um mit dieser Last zu leben. Ich liebe Dich auf immer mein Mädchen.

Im JULI ein Kuschelpferd

Luisa liegt auf ihrem großen Kuschelpferd und richtet sich plötzlich auf …
Luisa: »Sag mal, wie heißt du? Ich heiße Luisa Hirschfeld und du? Soll ich dich erst mal ein bisschen streicheln und dann sagst du es?«
Pferd: »…«
Luisa: »Fox? Du heißt also Fox! Das ist toll!«

Krankheit als Geschenk

Zugegeben, das ist ein Punkt, der mir selbst lange Rätsel aufgab. Ich denke, ich konnte es lösen und somit diese Welt, die sich uns erschließt, etwas besser verstehen.

Geschenke haben meist einen positiven Charakter. Man schenkt jemandem etwas, von dem man glaubt, er könnte sich darüber freuen, es täte ihm gut! Im besten Fall freut sich der jeweils andere darüber und bestätigt dies mit einem ähnlich gelungenen Geschenk bei der nächsten Gelegenheit. Im schlechtesten Fall gibt man das Geschenk zurück oder tauscht es um.

Zurückgeben und umtauschen kam überhaupt nicht infrage, also blieb und bleibt Variante eins. Die wir sehr gern auch für uns in Anspruch nehmen möchten, denn Luisa ist und bleibt das größte Geschenk auf Erden, das wir (er)leben dürfen und als Glück erfahren, jeden Tag. Ich habe lange darüber nachgedacht, wie es wäre, wenn sie diese Krankheit nicht hätte, wie wäre ein ganz »normales« Leben? Sicher auch in Ordnung, allerdings wäre es nicht unseres. Nicht unseres mit den vielen fabelhaften Augenblicken, diesen schönen Momenten der Lebensfreude, diesen vielen nachdenklichen Stunden mit Ängsten und nicht zuletzt mit dieser aufrichtigen Haltung, gepaart mit einer Grundehrlichkeit, die uns manchmal selbst ein bisschen den Boden unter den Füßen wegreißt.

Nichts davon möchte ich missen, denn wir stünden nicht an diesem Punkt unseres Lebens, wenn wir dies alles nicht erfahren dürften. Das, so denken wir, macht uns zu dankbaren Menschen, die einmal mehr der Wahrheit ins Auge blicken (müssen), zunehmend von unseren Gegenübern ein hohes Maß an Ehrlichkeit erwarten und gleichzeitig hoffentlich den Humor nicht verloren haben, denn ohne den wäre es wirklich sehr anstrengend.

Luisa erfährt viel Zustimmung um sich herum, sodass die Frage nach der Veränderung unserer Personen fast gar nicht aufgeworfen werden müsste. Sicher verändern wir uns, denn wir müssen wachsam sein und unser Leben einmal öfter neu ausrichten und sortieren, allerdings sind wir eine ziemlich »normale« Familie mit sechs kräftigen Beinen, die mitten im Leben stehen und es für sich entdecken wollen!

Ein Jahr voller Liebe und Hoffnung, aber auch Erschöpfung und Traurigkeit nehmen wir mit auf unsere Reise. Es war ein »Up and Down« der Gefühle und immer wieder der Glaube an Heilung und somit der Glaube an die Wunder, die nicht fragen.

Wenn Sie interessiert sind, den Wundern in Luisas Leben weiterhin zu begegnen, dann lade ich Sie ein, ihnen zu folgen auf http://luisasleben.wordpress.com. Hier finden Sie etliche kleine und große Geschichten. Geschichten, die Mut machen, die witzig sind oder einfach nur verdeutlichen, was es heißt, besonders einzigartig zu sein.

Darüber hinaus möchte ich Sie auf die offizielle Homepage der Niemann Pick Selbsthilfegruppe Deutschland e.V. aufmerksam machen. Unter www.niemann-pick.de erfahren Sie alles rund um das Thema »Niemann Pick« und was zu tun ist, wenn man die Diagnose ›Seltene Erkrankung‹ genannt bekommt.

Vier bis sechs Millionen Menschen gibt es in Deutschland, die an einer seltenen Erkrankung leiden, welche meist unheilbar und schließlich tödlich ist. Sie alle benötigen eine Stimme! Helfen Sie Luisa und allen weiteren Erkrankten, dass diese Stimme stark bleibt und noch stärker wird!